노인·치매·실어증 언어재활

작업기억 기반 인지-의사소통 워크북 1

작업기억 편

이미숙 · 백려정 · 황은지 공저

학지사

노화 단계에서는 예기치 못한 갖가지 변화가 찾아온다. 인지-의사소통 능력이 이전과 다를 뿐 아니라 뇌졸중에 의한 실어증, 주관적 인지저하(subjective cognitive decline), 경도인지장애(mild cognitive impairment), 치매 등의 신경학적 질환을 겪기도 한다. 고령화 추세에 따라 노년기의 이 같은 변화에 이목이 집중되고 있으나, 인지-의사소통 기능을 유지하고 삶의 질을 높이기 위한 구체적인 방법은 여전히 미흡한 실정이다.

이 책은 가속화되는 국내 고령화 현황과 그에 따른 요구로부터 출발했다. 특히 정상 노화 과정 및 신경학적 질환에 의한 인지-의사소통 기능의 변화를 현명하게 극복하는 데 필요한 예방적 중재 방안을 체계적으로 제시하고자 했다. 이를 위해 인지-언어의 다영역적 처리에 관여하는 작업기억 능력을 바탕으로 의사소통 기능을 향상시킬 수 있는 훈련에 중점을 두었다. 따라서 이 책은 임상 현장에서 실어증, 주관적 인지저하, 경도인지장애, 치매 등으로 인한 인지-의사소통 문제를 다루는 언어재활사, 그리고 재활 관련 분야, 심리학, 노인학, 사회복지학 등 유관 학문의 전문가가 두루 활용할 수 있다. 또한 노화로 인한 변화에 직면해 있거나 미리 대비하고자 하는 노인과 그 가족, 노인의 인지와 언어에 관심이 있는 일반인도 실용적으로 참고할 수 있다.

이 책은 총 3권으로 구성되었다. 제1권에서는 작업기억(위치, 순서, 어휘), 제2권에서는 의사소통(이름대기, 어휘-의미 추론, 표현, 읽기 이해, 쓰기), 제3권에서는 일상생활 연계 활동(상징과 색깔, 그리기, 기타)을 다룬다. 각각에는 다양한 유형의 과제와 문항들이 수준별로 제시되어 있다.

이 책이 노화 과정에 있거나 실어증, 치매 등의 신경학적 질환을 겪는 성인, 언어병리학 및 유관 학문의 임상가와 전공자, 기타 일반인에게 도움이 되기를 고대한다. 다만 저서로서의 부족함은 추후 지속적인 연구를 통해 보완해 나갈 것이므로 독자들께 미리 양해를 구한다. 출간을 위해 애써 주신 학지사 측과 담당자께 깊은 감사의 말씀을 전한다.

2025년 4월

대표 저자 이미숙

4. 작업기억: 순서 Level 02

5. 작업기억: 순서 Level 03

6. 작업기억: 어휘 Level 01

7. 작업기억: 어휘 Level 02

MEMO

Level 01

1. 작업기억: 위치

※ 정답은 p. 299

1) 어디 있을까

⋙ 〈보기〉와 같이 아래 표의 원하는 위치에 이름을 3개 적어 보세요.

보 기

사자	
	원숭이
	토끼

위에 쓴 것을 기억하여 동일한 위치에 적어 보세요.

사자	
	원숭이
	토끼

1. 아래 표의 원하는 위치에 동물 이름을 3개 적어 보세요.

※ 다음 페이지 문제 1로 이동

2. 아래 표의 원하는 위치에 과일 이름을 3개 적어 보세요.

※ 다음 페이지 문제 2로 이동

문제 1. 앞에 쓴 것을 기억하여 동일한 위치에 적어 보세요.

문제 2. 앞에 쓴 것을 기억하여 동일한 위치에 적어 보세요.

3. 아래 표의 원하는 위치에 야채 이름을 3개 적어 보세요.

※ 다음 페이지 문제 3으로 이동

4. 아래 표의 원하는 위치에 음식 이름을 3개 적어 보세요.

※ 다음 페이지 문제 4로 이동

문제 3. 앞에 쓴 것을 기억하여 동일한 위치에 적어 보세요.

문제 4. 앞에 쓴 것을 기억하여 동일한 위치에 적어 보세요.

5. 아래 표의 원하는 위치에 꽃 이름을 3개 적어 보세요.

※ 다음 페이지 문제 5로 이동

6. 아래 표의 원하는 위치에 생선 이름을 3개 적어 보세요.

※ 다음 페이지 문제 6으로 이동

문제 5. 앞에 쓴 것을 기억하여 동일한 위치에 적어 보세요.

문제 6. 앞에 쓴 것을 기억하여 동일한 위치에 적어 보세요.

7. 아래 표의 원하는 위치에 옷 이름을 3개 적어 보세요.

※ 다음 페이지 문제 7로 이동

8. 아래 표의 원하는 위치에 나라 이름을 3개 적어 보세요.

※ 다음 페이지 문제 8로 이동

문제 7. 앞에 쓴 것을 기억하여 동일한 위치에 적어 보세요.

문제 8. 앞에 쓴 것을 기억하여 동일한 위치에 적어 보세요.

9. 아래 표의 원하는 위치에 도시 이름을 3개 적어 보세요.

※ 다음 페이지 문제 9로 이동

10. 아래 표의 원하는 위치에 산 이름을 3개 적어 보세요.

※ 다음 페이지 문제 10으로 이동

문제 9. 앞에 쓴 것을 기억하여 동일한 위치에 적어 보세요.

문제 10. 앞에 쓴 것을 기억하여 동일한 위치에 적어 보세요.

2) 어디에 두었을까

»» 서랍에 물건을 두었습니다. 어떤 서랍인지 기억하여 다음 페이지 그림에 위치를 표시해 보세요.

1.

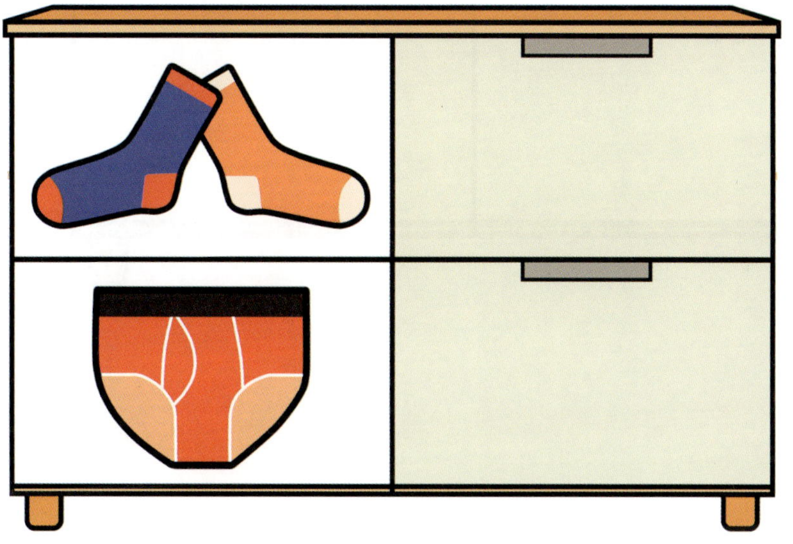

※ 다음 페이지 문제 1로 이동

2.

※ 다음 페이지 문제 2로 이동

문제 1.

문제 2.

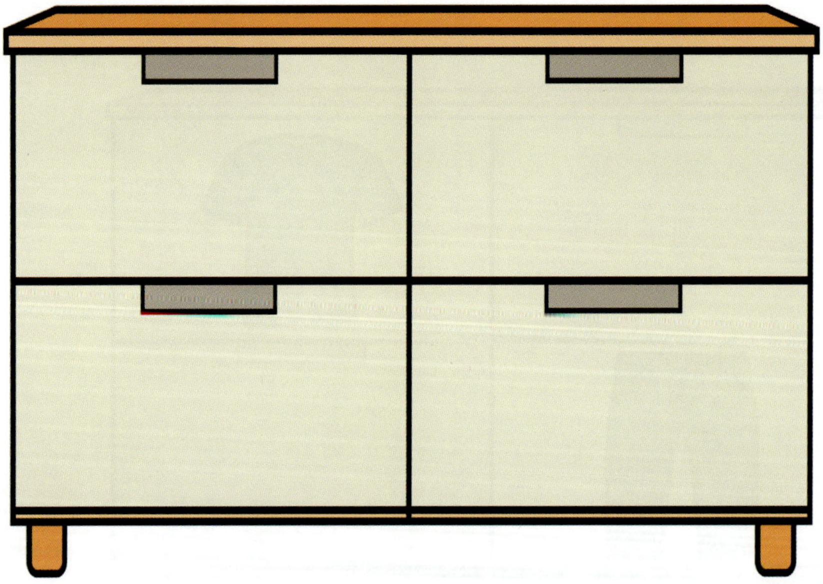

3.

※ 다음 페이지 문제 3으로 이동

4.

※ 다음 페이지 문제 4로 이동

문제 3.

문제 4.

5.

※ 다음 페이지 문제 5로 이동

6.

※ 다음 페이지 문제 6으로 이동

문제 **5.**

문제 **6.**

7.

※ 다음 페이지 문제 7로 이동

8.

※ 다음 페이지 문제 8로 이동

문제 7.

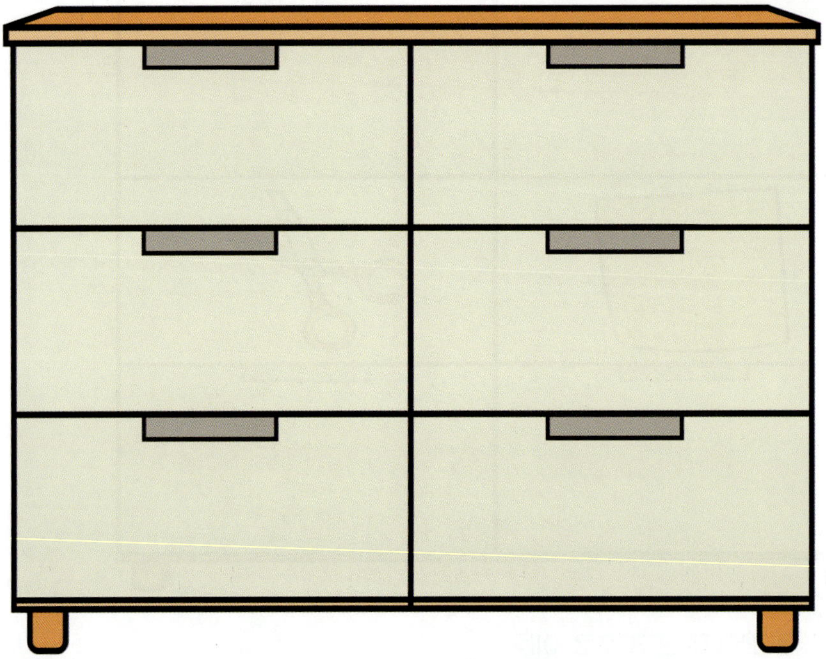

문제 8.

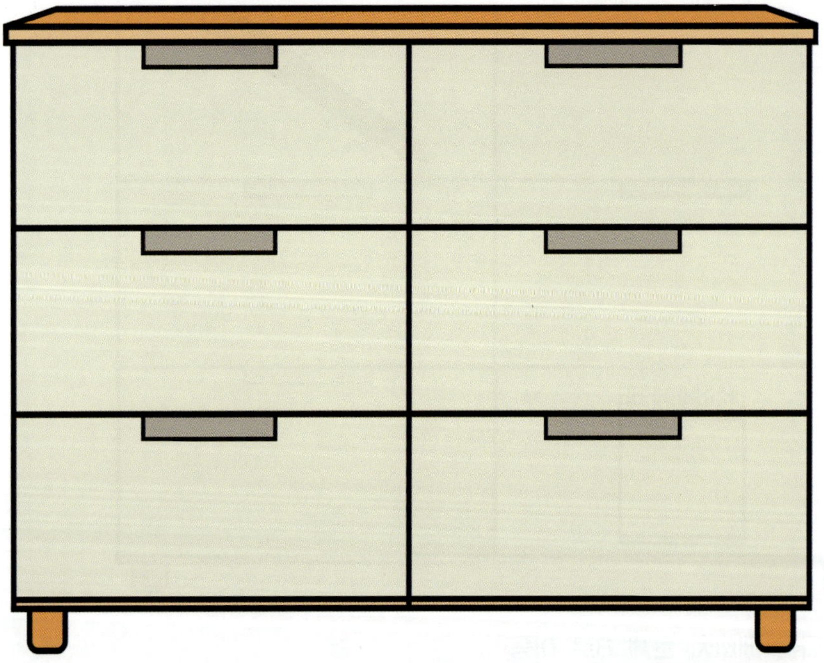

9.

※ 다음 페이지 문제 9로 이동

10.

※ 다음 페이지 문제 10으로 이동

문제 9.

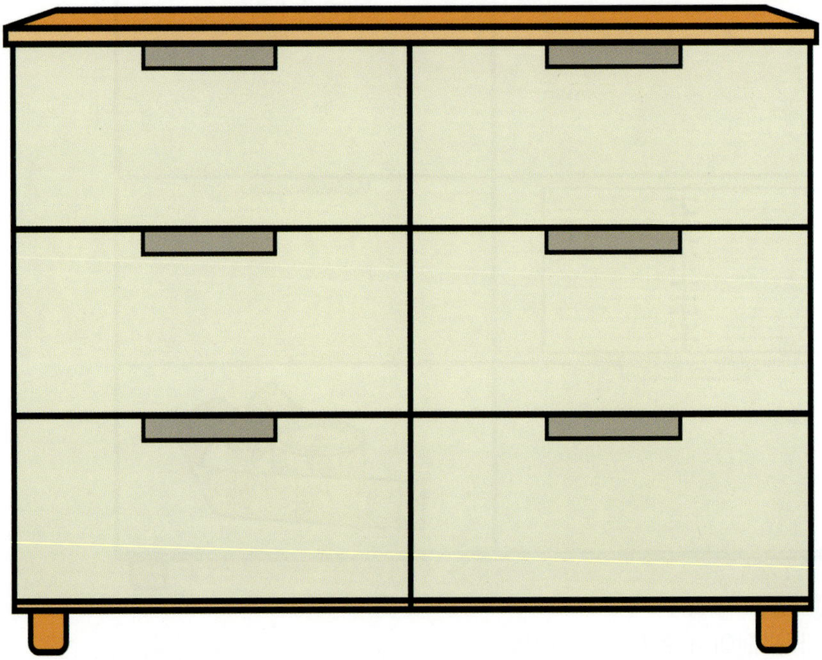

문제 10.

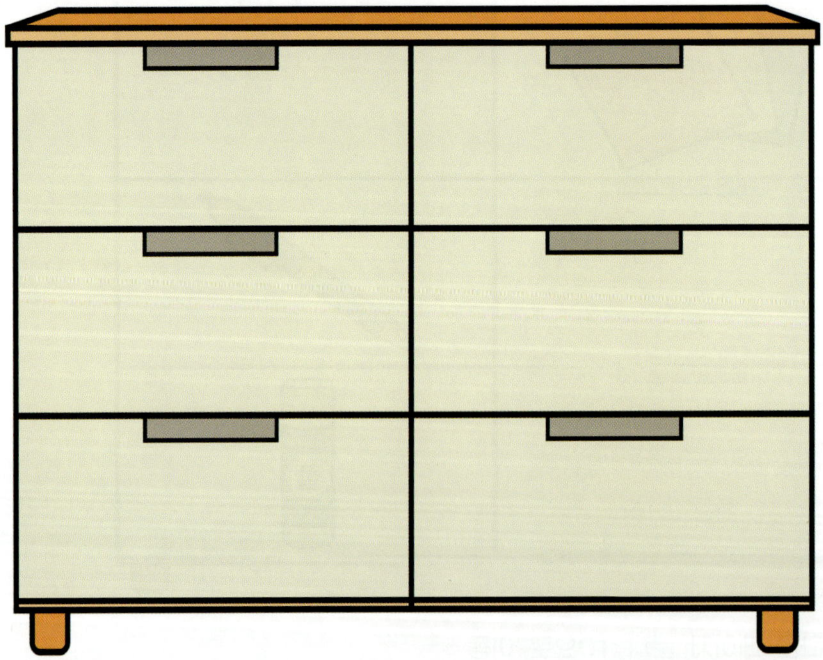

3) 냉장고 뒤지기

》 다음 대화를 읽고 냉장고 안에 무엇이 있는지 기억해 보세요.

대화 1

A: 어제 사 온 자두 어디 있어요?
B: 냉장고 맨 아래 칸 비닐봉지 안에 있어요.
A: 만두는 어디 있어요?
B: 그 위 칸에 있어요.

※ 29페이지 대화 1-문제로 이동

대화 2

A: 어제 사 온 오이 어디 있어요?
B: 냉장고 맨 위 칸에 있어요.
A: 소고기는 어디 있어요?
B: 그 아래 칸에 있어요.

※ 30페이지 대화 2-문제로 이동

대화 3

A: 어제 사 온 딸기 어디 있어요?
B: 냉장고 가운데 칸에 있어요.
A: 두부는 어디 있어요?
B: 그 위 칸에 있어요.

※ 31페이지 대화 3-문제로 이동

>>> 앞 페이지에 있는 대화문을 떠올리며 냉장고를 채워 보세요.

대화 1-문제

대화 2-문제

대화 3-문제

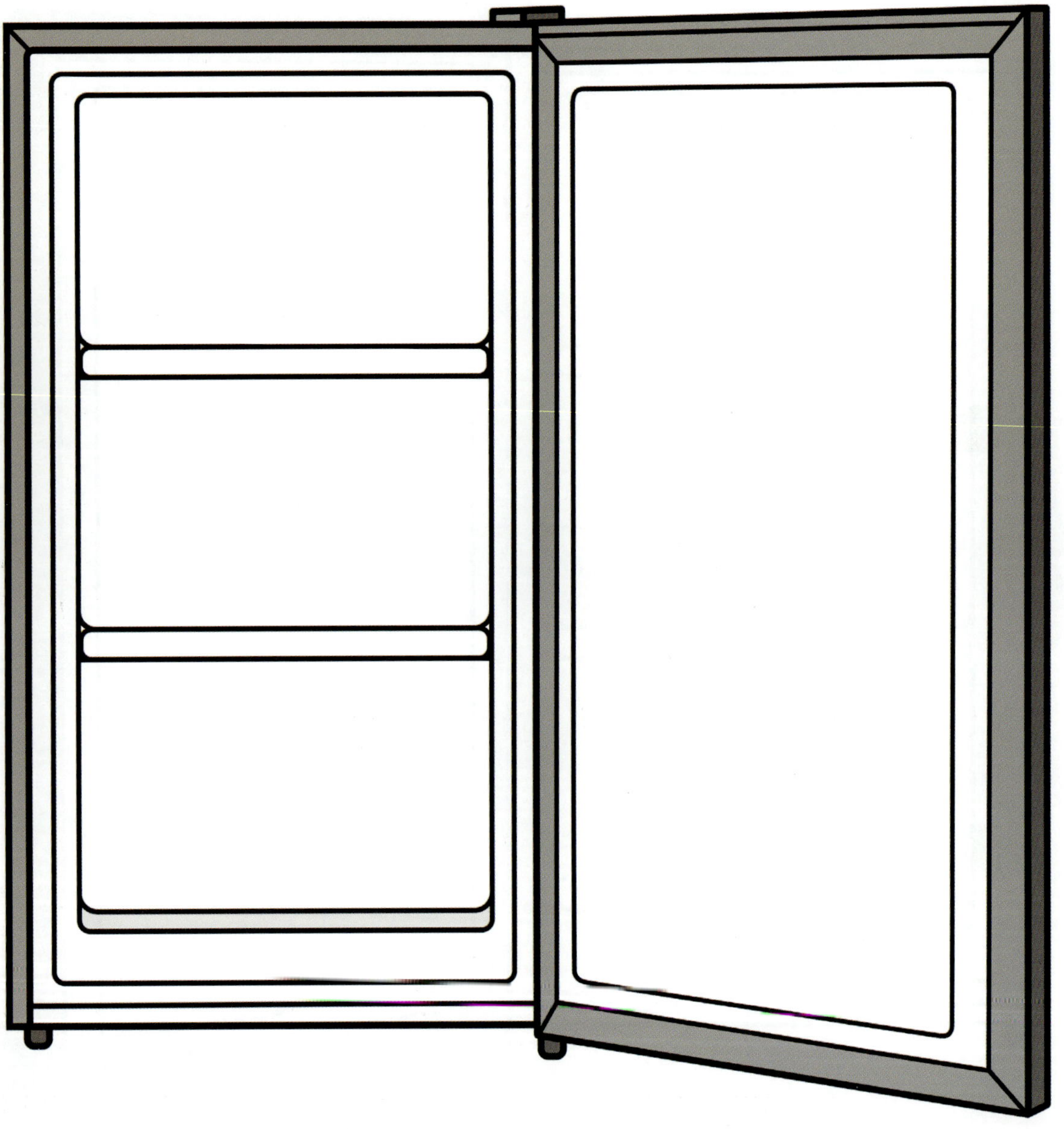

»» 다음 대화를 읽고 냉장고 안에 무엇이 있는지 기억해 보세요.

대화 4

A: 어제 사 온 닭고기 어디 있어요?
B: 냉장고 맨 아래 칸 비닐봉지 안에 있어요.
A: 호박은 어디 있어요?
B: 맨 위 칸에 있어요.

※ 34페이지 대화 4-문제로 이동

대화 5

A: 어제 사 온 체리 어디 있어요?
B: 냉장고 가운데 칸에 있어요.
A: 상추는 어디 있어요?
B: 그 아래 칸에 있어요.

※ 35페이지 대화 5-문제로 이동

대화 6

A: 어제 사 온 버섯 어디 있어요?
B: 냉장고 맨 위 칸에 있어요.
A: 고추는 어디 있어요?
B: 두 번째 칸에 있어요
A: 토마토는요?
B: 그 아래 칸에 있어요.

※ 36페이지 대화 6-문제로 이동

대화 7

A: 어제 사 온 부추 어디 있어요?

B: 냉장고 맨 아래 칸에 있어요.

A: 갈치는 어디 있어요?

B: 두 번째 칸에 있어요.

A: 감자는요?

B: 맨 위 칸에 있어요.

※ 37페이지 대화 7-문제로 이동

⋙ 앞 페이지에 있는 대화문을 떠올리며 냉장고를 채워 보세요.

대화 4-문제

대화 5-문제

대화 6-문제

대화 7-문제

⋙ 다음 대화를 읽고 냉장고 안에 무엇이 있는지 기억해 보세요.

대화 8

A: 어제 사 온 돼지고기 어디 있어요?
B: 냉동실 맨 위 칸에 있어요.
A: 고구마는 어디 있어요?
B: 냉장실 첫 번째 칸에 있어요.
A: 햄은요?
B: 그 아래 칸에 있어요.

※ 39페이지 대화 8-문제로 이동

대화 9

A: 지난번에 먹다 남은 피자 어디 있어요?
B: 냉동실 맨 아래 칸에 있어요.
A: 참외는 어디 있어요?
B: 냉장실 맨 아래 칸에 있어요.
A: 대파는요?
B: 그 위 칸에 있어요.

※ 40페이지 대화 9-문제로 이동

대화 10

A: 지난주에 사 온 새우 어디 있어요?
B: 냉동실 가운데 칸에 있어요.
A: 양파는 어디 있어요?
B: 냉장실 가운데 칸에 있어요.
A: 김치는요?
B: 그 아래 칸에 있어요.

※ 41페이지 대화 10-문제로 이동

》 앞 페이지에 있는 대화문을 떠올리며 냉장고를 채워 보세요.

대화 8-문제

대화 9-문제

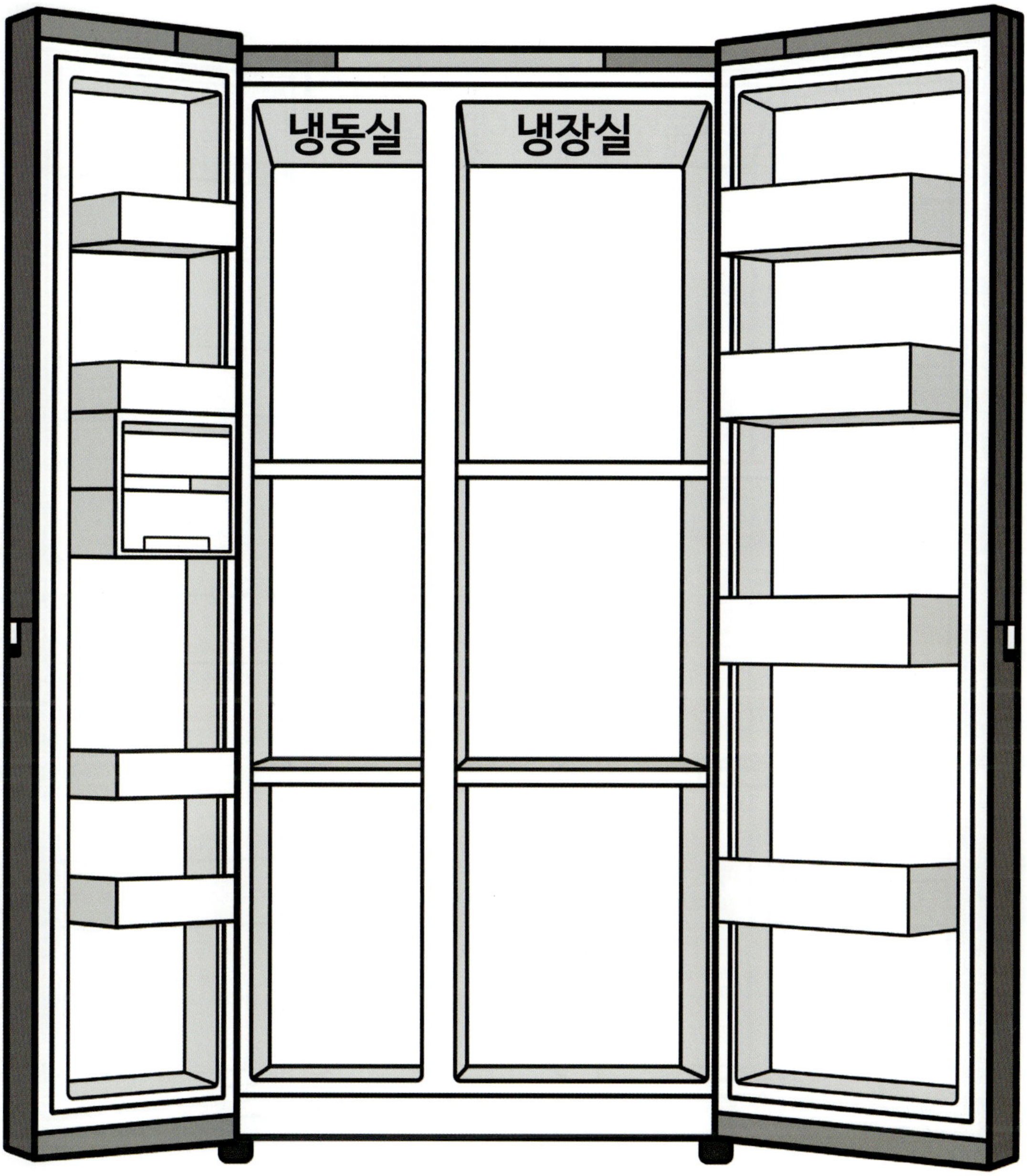

대화 10-문제

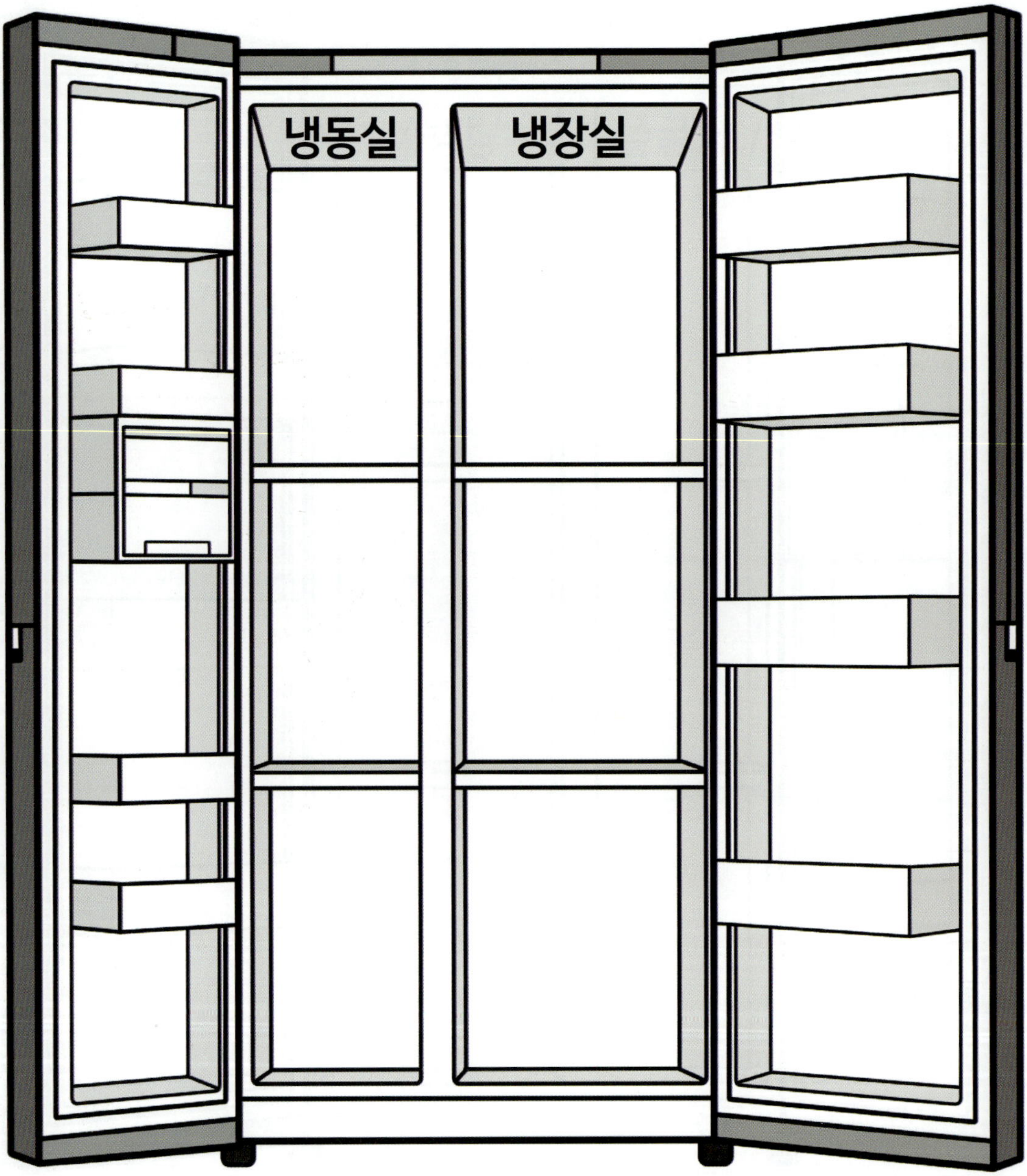

4) 달력에 동그라미

»» 달력에 중요한 날이 표시되어 있습니다. 날짜와 요일을 잘 기억하세요.

달력 1 복지관 가는 날을 잘 기억하세요.

1
January

일	월	화	수	목	금	토
					1 신정	2
3	4	5	6	(7)	8	9
10	11	12	13	14	15	16
17	18	19	20	21	22	23
24	25	26	27	28	29	30
31						

※ 다음 페이지 달력 1-문제로 이동

⋙ 앞에서 기억한 달력의 날짜를 표시해 보세요.

달력 1-문제 복지관 가는 날을 표시해 보세요.

1
January

일	월	화	수	목	금	토
					1 신정	2
3	4	5	6	7	8	9
10	11	12	13	14	15	16
17	18	19	20	21	22	23
24	25	26	27	28	29	30
31						

달력 2 병원 가는 날을 잘 기억하세요.

1
January

일	월	화	수	목	금	토
					1 신정	2
3	4	5	6	7	8	9
10	11	12	13	14	15	16
17	(18)	19	20	21	22	23
24	25	26	27	28	29	30
31						

※ 다음 페이지 **달력 2-문제**로 이동

달력 2-문제 병원 가는 날을 표시해 보세요.

1

January

일	월	화	수	목	금	토
					1 신정	2
3	4	5	6	7	8	9
10	11	12	13	14	15	16
17	18	19	20	21	22	23
24	25	26	27	28	29	30
31						

달력 3 마트 쉬는 날을 잘 기억하세요.

1
January

일	월	화	수	목	금	토
					1 신정	2
3	4	5	6	7	8	9
10	11	12	13	14	15	16
17	18	19	20	21	22	23
24	25	26	27	28	29	30
31						

※ 다음 페이지 달력 3-문제로 이동

달력 3-문제 마트 쉬는 날을 표시해 보세요.

1
January

일	월	화	수	목	금	토
					1 신정	2
3	4	5	6	7	8	9
10	11	12	13	14	15	16
17	18	19	20	21	22	23
24	25	26	27	28	29	30
31						

달력 4 동창 모임 날을 잘 기억하세요.

1
January

일	월	화	수	목	금	토
					1 신정	2
3	4	5	6	7	8	9
10	11	12	(13)	14	15	16
17	18	19	20	21	22	23
24	25	26	27	28	29	30
31						

※ 다음 페이지 달력 4-문제로 이동

달력 4-문제 동창 모임 날을 표시해 보세요.

1
January

일	월	화	수	목	금	토
					1 신정	2
3	4	5	6	7	8	9
10	11	12	13	14	15	16
17	18	19	20	21	22	23
24	25	26	27	28	29	30
31						

달력 5 등산 가는 날을 잘 기억하세요.

1
January

일	월	화	수	목	금	토
					1 신정	2
3	4	5	6	7	8	9
10	11	12	13	14	15	(16)
17	18	19	20	21	22	23
24	25	26	27	28	29	30
31						

※ 다음 페이지 달력 5-문제로 이동

달력 5-문제 등산 가는 날을 표시해 보세요.

1
January

일	월	화	수	목	금	토
					1 신정	2
3	4	5	6	7	8	9
10	11	12	13	14	15	16
17	18	19	20	21	22	23
24	25	26	27	28	29	30
31						

달력 6 치과 가는 날을 잘 기억하세요.

1
January

일	월	화	수	목	금	토
					1 신정	2
3	4	5	6	7	8	9
10	11	12	13	14	15	16
17	18	19	20	21	22	23
24	25	(26)	27	28	29	30
31						

※ 다음 페이지 달력 6-문제로 이동

달력 6-문제 치과 가는 날을 표시해 보세요.

1
January

일	월	화	수	목	금	토
					1 신정	2
3	4	5	6	7	8	9
10	11	12	13	14	15	16
17	18	19	20	21	22	23
24	25	26	27	28	29	30
31						

달력 7 노래 교실 가는 날을 잘 기억하세요.

1
January

일	월	화	수	목	금	토
					1 신정	2
3	4	5	6	7	8	9
10	11	12	13	(14)	15	16
17	18	19	20	21	22	23
24	25	26	27	28	29	30
31						

※ 다음 페이지 달력 7-문제로 이동

달력 7-문제 노래 교실 가는 날을 표시해 보세요.

1
January

일	월	화	수	목	금	토
					1 신정	2
3	4	5	6	7	8	9
10	11	12	13	14	15	16
17	18	19	20	21	22	23
24	25	26	27	28	29	30
31						

달력 8 온천 가는 날을 잘 기억하세요.

1
January

일	월	화	수	목	금	토
					1 신정	2
3	4	5	6	7	8	9
10	11	12	13	14	15	16
17	18	(19)	20	21	22	23
24	25	26	27	28	29	30
31						

※ 다음 페이지 달력 8-문제로 이동

달력 8-문제 온천 가는 날을 표시해 보세요.

1
January

일	월	화	수	목	금	토
					1 신정	2
3	4	5	6	7	8	9
10	11	12	13	14	15	16
17	18	19	20	21	22	23
24	25	26	27	28	29	30
31						

달력 9 가족 모임 날을 잘 기억하세요.

1

January 2021

일	월	화	수	목	금	토
					1 신정	2
3	4	5	6	7	8	9
10	11	12	13	14	15	16
17	18	19	20	21	22	23
24	25	26	27	28	29	(30)
31						

※ 다음 페이지 달력 9-문제로 이동

달력 9-문제 가족 모임 날을 표시해 보세요.

1
January

일	월	화	수	목	금	토
					1 신정	2
3	4	5	6	7	8	9
10	11	12	13	14	15	16
17	18	19	20	21	22	23
24	25	26	27	28	29	30
31						

달력 10 봉사 활동 날을 잘 기억하세요.

1
January

일	월	화	수	목	금	토
					1 신정	2
3	4	5	6	7	8	9
10	11	12	13	14	15	16
17	18	19	20	21	22	23
24	25	26	27 (circled)	28	29	30
31						

※ 다음 페이지 달력 10-문제로 이동

달력 10-문제 봉사 활동 날을 표시해 보세요.

1
January

일	월	화	수	목	금	토
					1 신정	2
3	4	5	6	7	8	9
10	11	12	13	14	15	16
17	18	19	20	21	22	23
24	25	26	27	28	29	30
31						

5) 패턴 기억하기

》 전화번호를 소리 내어 읽고 기억한 다음 아래에 있는 키패드의 숫자를 짚어 보세요.

010-3589-1447	010-4477-5214
010-1124-8789	010-2597-4563
010-3256-8956	010-2563-6551
010-4715-8852	010-1596-3574
010-3698-3574	010-1597-6339

MEMO

>>> 아래에 제시된 것을 잘 기억하여 다음 페이지에서 해당되는 것을 고르세요.

1. 다음과 똑같이 색칠된 우산을 찾아보세요.

※ 다음 페이지 문제 1로 이동

2. 다음과 똑같이 색칠된 꽃을 찾아보세요.

※ 다음 페이지 문제 2로 이동

문제 1.

①

②

③

④

문제 2.

①

②

③

④

3. 다음과 똑같이 색칠된 옷을 찾아보세요.

※ 다음 페이지 문제 3으로 이동

4. 다음과 똑같이 색칠된 가방을 찾아보세요.

※ 다음 페이지 문제 4로 이동

문제 3.

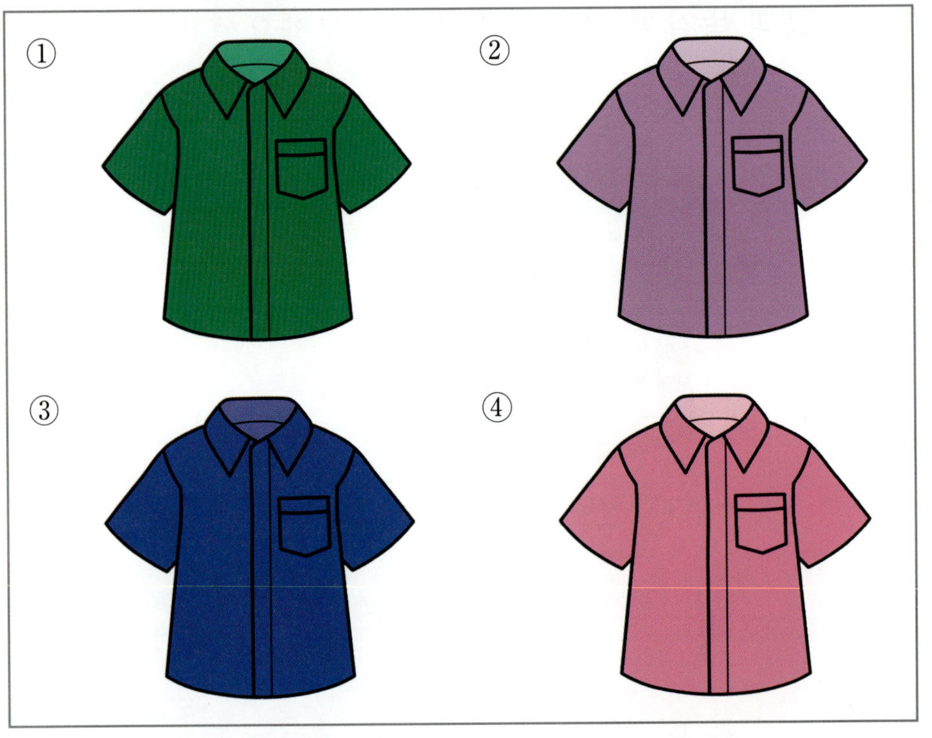

문제 4.

5. 다음과 똑같이 색칠된 자동차를 찾아보세요.

※ 다음 페이지 문제 5로 이동

6. 다음과 똑같이 색칠된 양말을 찾아보세요.

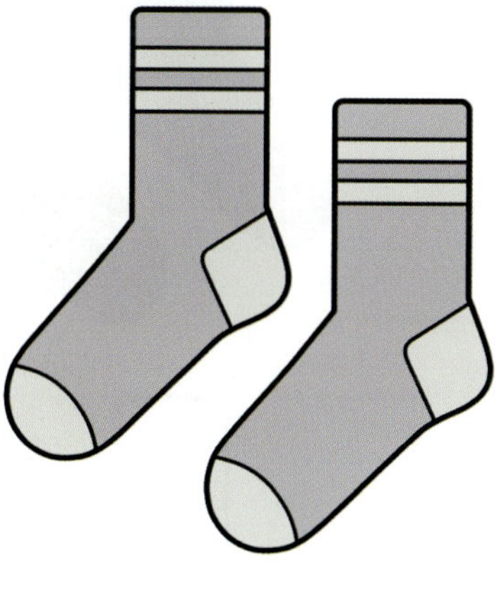

※ 다음 페이지 문제 6으로 이동

문제 5.

①

②

③

④

문제 6.

①
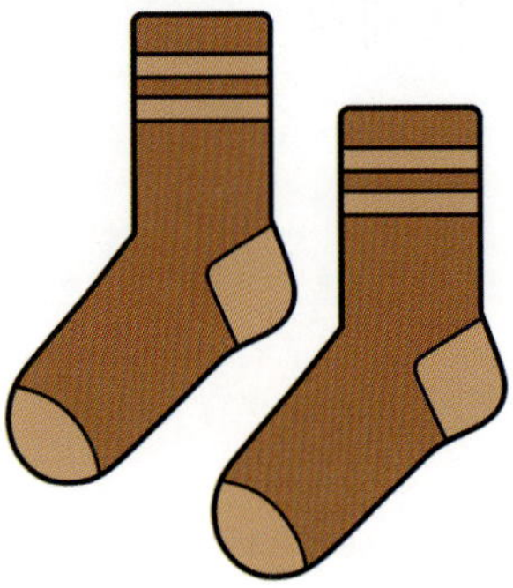

②

③
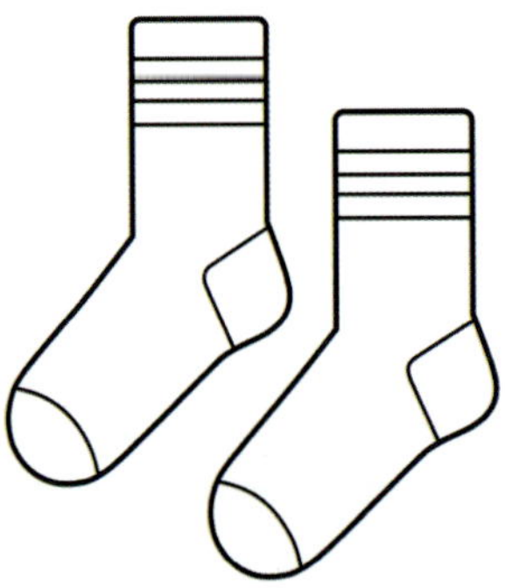

④
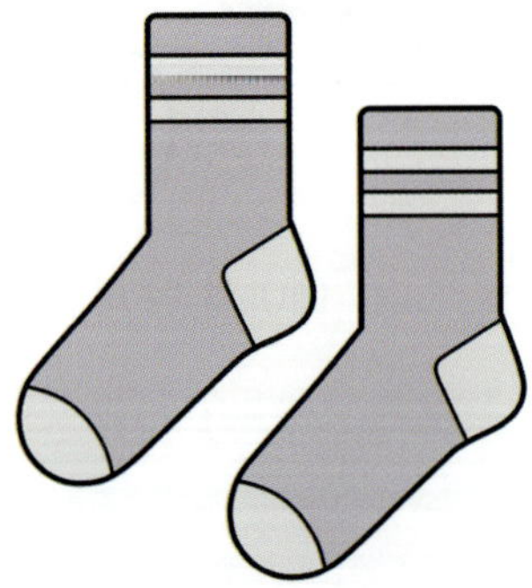

7. 다음과 똑같이 색칠된 나무를 찾아보세요.

※ 다음 페이지 문제 7로 이동

8. 다음과 똑같이 색칠된 집을 찾아보세요.

※ 다음 페이지 문제 8로 이동

문제 7.

문제 8.

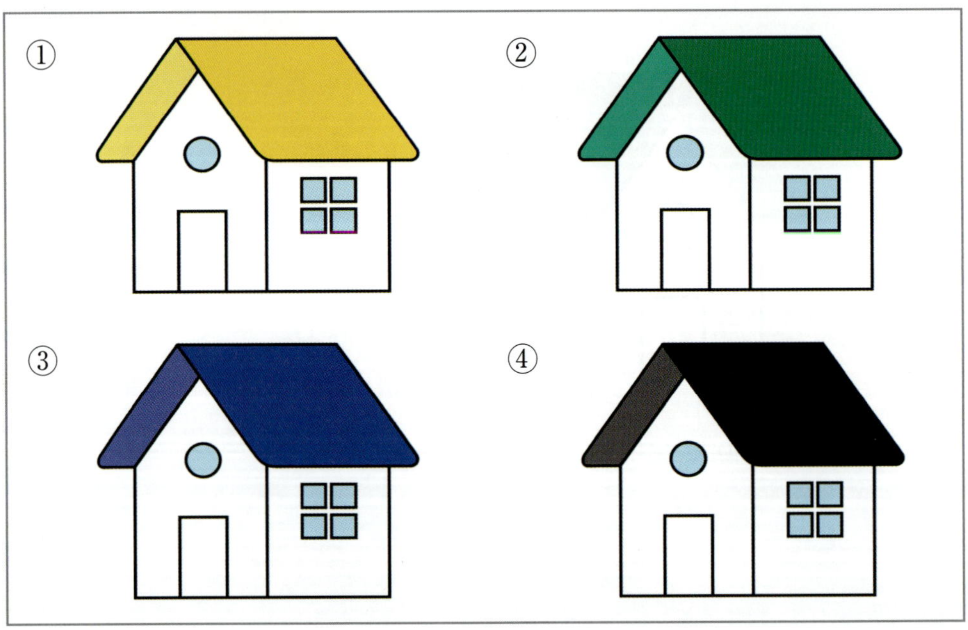

9. 똑같이 색칠된 고양이를 찾아보세요.

※ 다음 페이지 문제 9로 이동

10. 다음과 똑같이 색칠된 운동화를 찾아보세요.

※ 다음 페이지 문제 10으로 이동

문제 9.

①

②

③

④

문제 10.

①

②

③

④

MEMO

Level 02

2. 작업기억: 위치

※ 정답은 p. 307

1) 어디 있을까

»» 〈보기〉와 같이 아래 표의 원하는 위치에 이름을 5개 적어 보세요.

보 기

	사자
	강아지
고양이	
원숭이	토끼

위에 쓴 것을 기억하여 동일한 위치에 적어 보세요.

	사자
	강아지
고양이	
원숭이	토끼

1. 아래 표의 원하는 위치에 동물 이름을 5개 적어 보세요.

※ 다음 페이지 문제 1로 이동

2. 아래 표의 원하는 위치에 과일 이름을 5개 적어 보세요.

※ 다음 페이지 문제 2로 이동

문제 1. 앞에 쓴 것을 기억하여 동일한 위치에 적어 보세요.

문제 2. 앞에 쓴 것을 기억하여 동일한 위치에 적어 보세요.

3. 아래 표의 원하는 위치에 야채 이름을 5개 적어 보세요.

※ 다음 페이지 문제 3으로 이동

4. 아래 표의 원하는 위치에 음식 이름을 5개 적어 보세요.

※ 다음 페이지 문제 4로 이동

문제 3. 앞에 쓴 것을 기억하여 동일한 위치에 적어 보세요.

문제 4. 앞에 쓴 것을 기억하여 동일한 위치에 적어 보세요.

5. 아래 표의 원하는 위치에 꽃 이름을 5개 적어 보세요.

※ 다음 페이지 문제 5로 이동

6. 아래 표의 원하는 위치에 생선 이름을 5개 적어 보세요.

※ 다음 페이지 문제 6으로 이동

문제 5. 앞에 쓴 것을 기억하여 동일한 위치에 적어 보세요.

문제 6. 앞에 쓴 것을 기억하여 동일한 위치에 적어 보세요.

7. 아래 표의 원하는 위치에 옷 이름을 5개 적어 보세요.

※ 다음 페이지 문제 7로 이동

8. 아래 표의 원하는 위치에 나라 이름을 5개 적어 보세요.

※ 다음 페이지 문제 8로 이동

문제 7. 앞에 쓴 것을 기억하여 동일한 위치에 적어 보세요.

문제 8. 앞에 쓴 것을 기억하여 동일한 위치에 적어 보세요.

9. 아래 표의 원하는 위치에 도시 이름을 5개 적어 보세요.

※ 다음 페이지 문제 9로 이동

10. 아래 표의 원하는 위치에 산 이름을 5개 적어 보세요.

※ 다음 페이지 문제 10으로 이동

문제 9. 앞에 쓴 것을 기억하여 동일한 위치에 적어 보세요.

문제 10. 앞에 쓴 것을 기억하여 동일한 위치에 적어 보세요.

2) 어디에 두었을까

≫ 서랍에 물건을 두었습니다. 어떤 서랍인지 기억하여 다음 페이지에 위치를 표시해 보세요.

1.

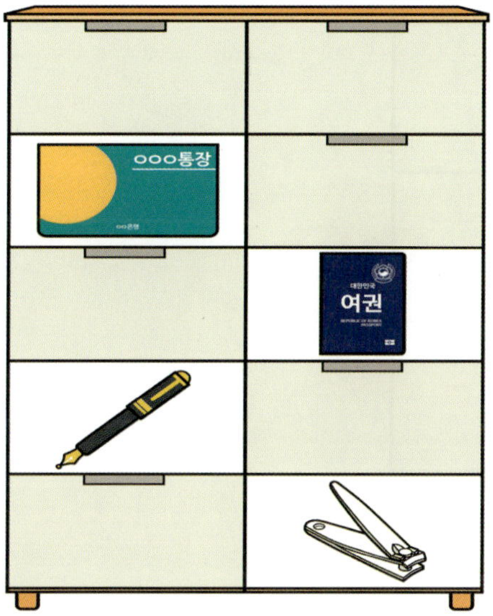

※ 다음 페이지 문제 1로 이동

2.

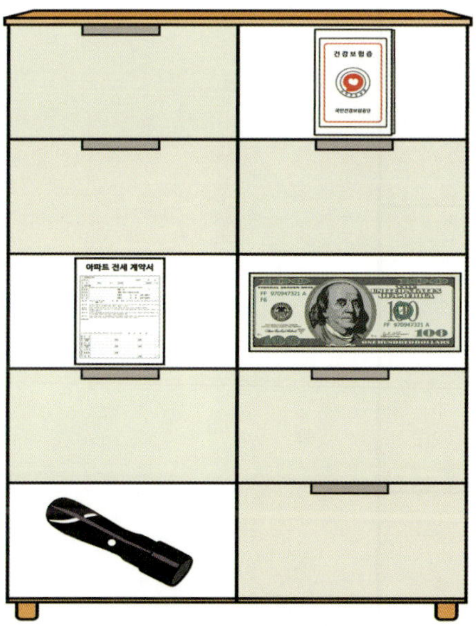

※ 다음 페이지 문제 2로 이동

문제 **1.**

문제 **2.**

3.

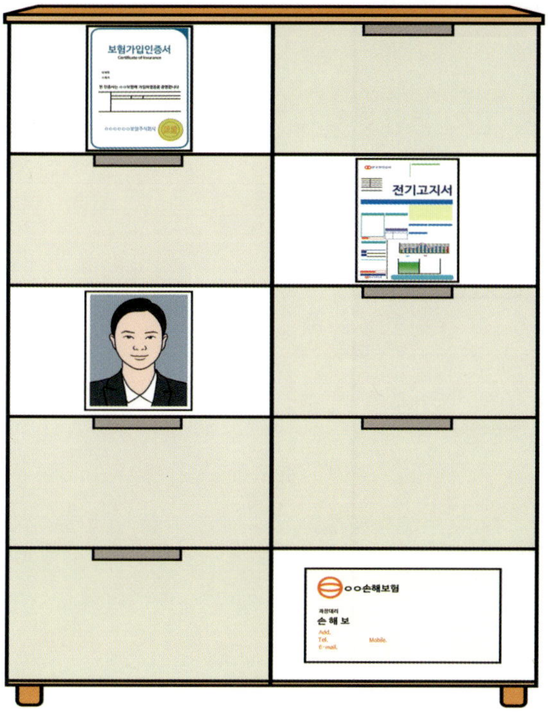

※ 다음 페이지 문제 3으로 이동

4.

※ 다음 페이지 문제 4로 이동

문제 **3.**

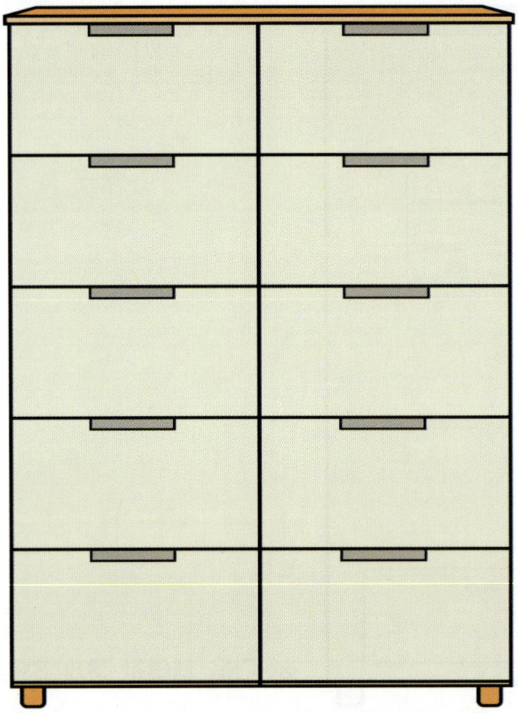

문제 **4.**

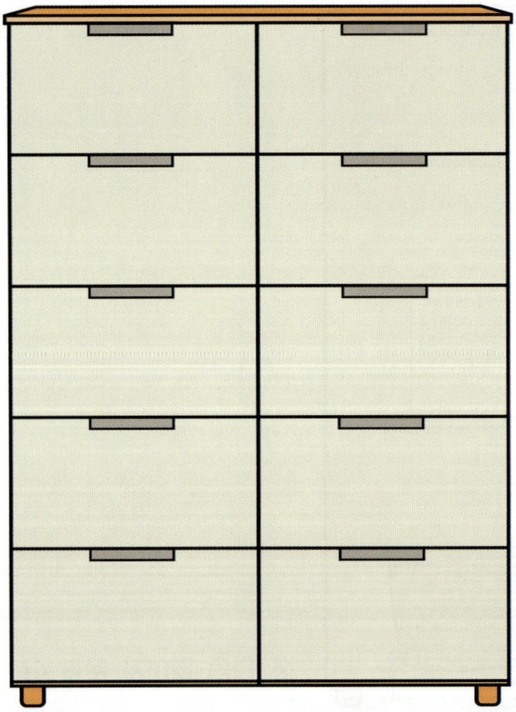

5.

※ 다음 페이지 문제 5로 이동

6.

※ 다음 페이지 문제 6으로 이동

문제 **5.**

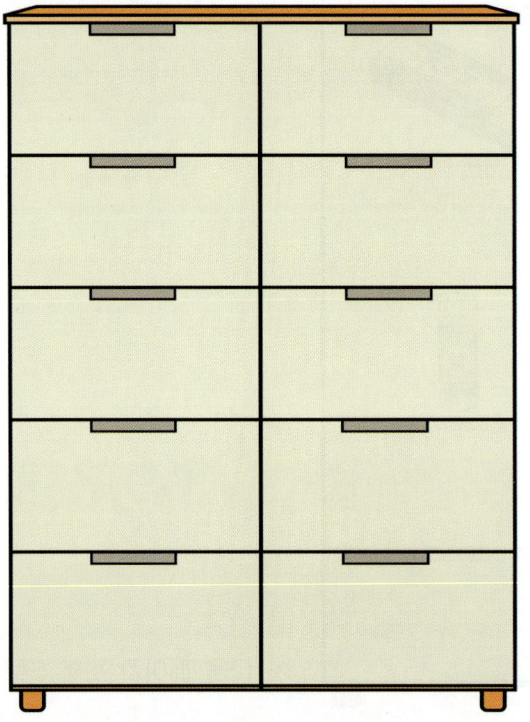

문제 **6.**

7.

※ 다음 페이지 문제 7로 이동

8.

※ 다음 페이지 문제 8로 이동

문제 **7.**

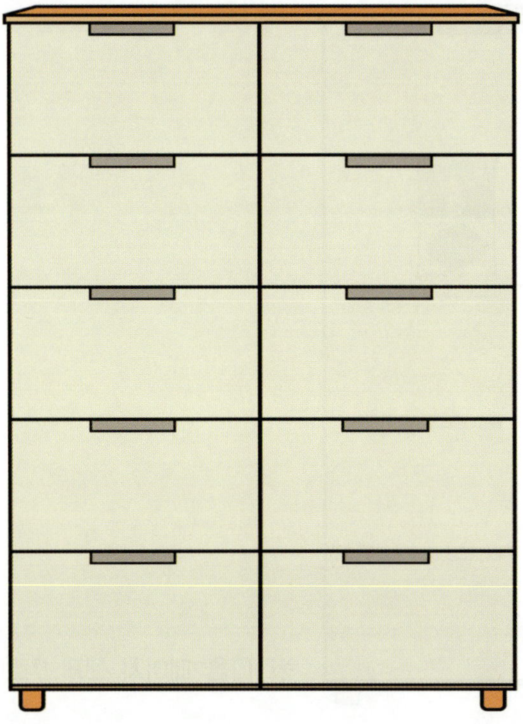

문제 **8.**

9.

※ 다음 페이지 문제 9로 이동

10.

※ 다음 페이지 문제 10으로 이동

문제 **9.**

문제 **10.**

3) 냉장고 뒤지기

⋙ 다음 대화를 읽고 냉장고 안에 무엇이 있는지 기억해 보세요.

대화 1

A: 어제 사 온 호박 어디 있어요?
B: 냉장고 안에 있어.
A: 못 찾겠어요.
B: 냉장고 첫 번째 칸 비닐봉지 안에 있어.
A: 찾았어요. 오이는 어디 있어요?
B: 그 아래 칸에 있잖아.
A: 사과는 어디 있어요?
B: 맨 아래 칸에 있지.

※ 95페이지 대화 1-문제로 이동

대화 2

A: 어제 사 온 토마토 어디 있어요?
B: 냉장고 안에 있어.
A: 못 찾겠어요.
B: 냉장고 두 번째 칸 비닐봉지 안에 있어.
A: 찾았어요. 어묵은 어디 있어요?
B: 그 아래 칸에 있잖아.
A: 자두는 어디 있어요?
B: 맨 위 칸에 있지.

※ 96페이지 대화 2-문제로 이동

>>> 앞 페이지에 있는 대화문을 떠올리며 냉장고를 채워 보세요.

대화 1-문제

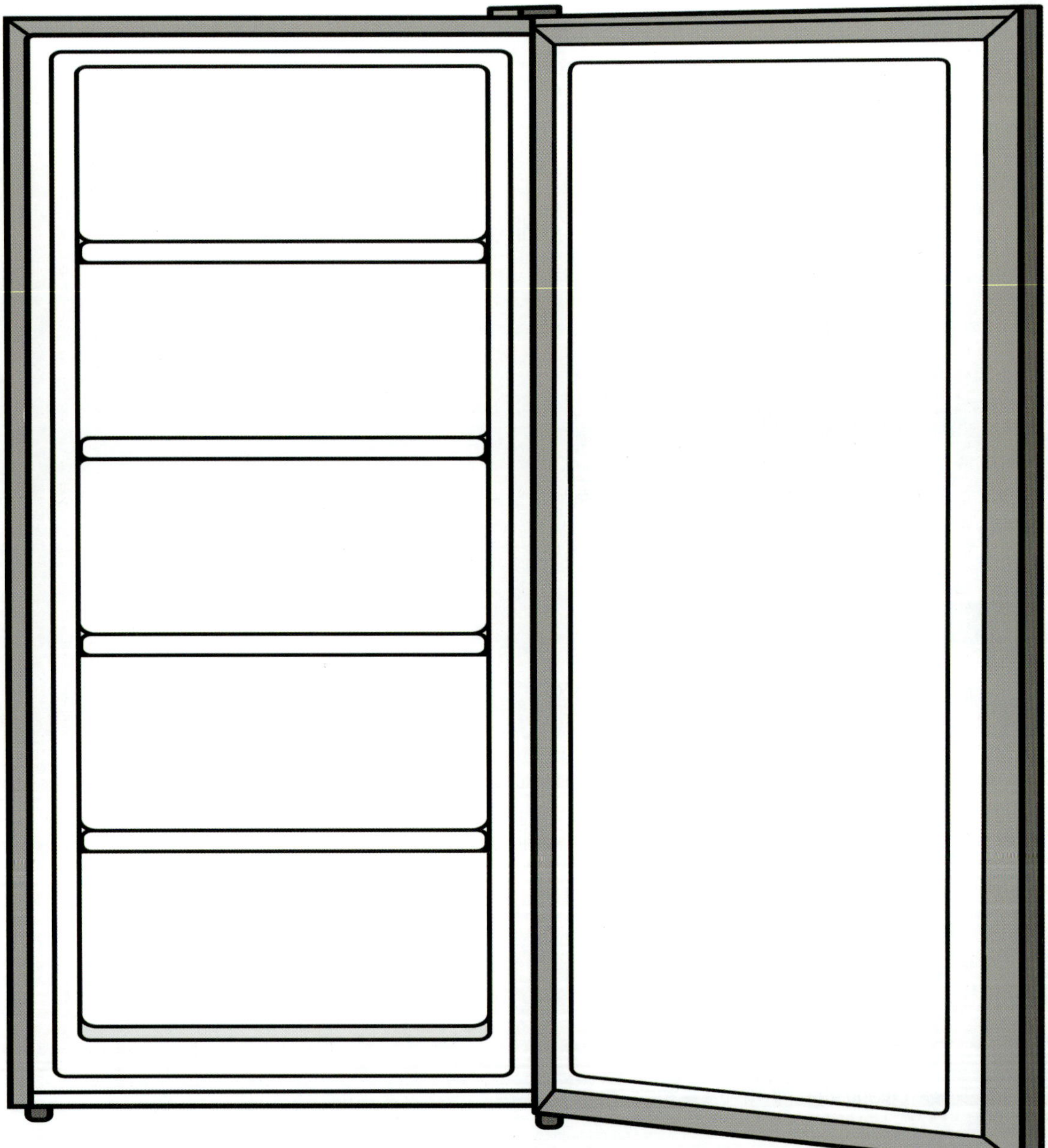

대화 2-문제

››› 다음 대화를 읽고 냉장고 안에 무엇이 있는지 기억해 보세요.

대화 3

A: 어제 사 온 두부 어디 있어요?
B: 냉장고 안에 있어.
A: 못 찾겠어요.
B: 냉장고 맨 아래 칸에 있어.
A: 찾았어요. 콩나물은 어디 있어요?
B: 그 위 칸에 있잖아.
A: 참외는 어디 있어요?
B: 맨 위 칸에 있지.

※ 98페이지 대화 3-문제로 이동

대화 4

A: 어제 사 온 대파 어디 있어요?
B: 냉장고 안에 있어.
A: 못 찾겠어요.
B: 냉장고 두 번째 칸에 있어.
A: 찾았어요. 요구르트는 어디 있어요?
B: 그 위 칸에 있잖아.
A: 딸기는 어디 있어요?
B: 맨 아래 칸에 있지.

※ 99페이지 대화 4-문제로 이동

>>> 앞 페이지에 있는 대화문을 떠올리며 냉장고를 채워 보세요.

대화 3-문제

대화 4-문제

»» 다음 대화를 읽고 냉장고 안에 무엇이 있는지 기억해 보세요.

대화 5

A: 어제 사 온 사과 어디 있어요?
B: 냉장고 안에 있어.
A: 못 찾겠어요.
B: 냉장고 세 번째 칸에 있어.
A: 찾았어요. 콩은 어디 있어요?
B: 그 아래 칸에 있잖아.
A: 수박은 어디 있어요?
B: 그 아래 칸에 있지.

※ 101페이지 대화 5-문제로 이동

대화 6

A: 어제 사 온 아이스크림 어디 있어요?
B: 냉동실에 있어.
A: 못 찾겠어요.
B: 냉동실 첫 번째 칸에 있어.
A: 찾았어요. 초콜릿은 어디 있어요?
B: 그 아래 칸에 있잖아.
A: 자몽은 어디 있어요?
B: 냉장실 맨 아래 칸에 있지.

※ 102페이지 대화 6-문제로 이동

»» 앞 페이지에 있는 대화문을 떠올리며 냉장고를 채워 보세요.

대화 5-문제

대화 6-문제

⋙ 다음 대화를 읽고 냉장고 안에 무엇이 있는지 기억해 보세요.

대화 7

A: 어제 사 온 돼지고기 어디 있어요?
B: 냉동실에 있어.
A: 못 찾겠어요.
B: 냉동실 두 번째 칸에 있어.
A: 찾았어요. 꽃게는 어디 있어요?
B: 그 아래 칸에 있잖아.
A: 시금치는 어디 있어요?
B: 냉장실 맨 위 칸에 있지.

※ 104페이지 **대화 7-문제**로 이동

대화 8

A: 어제 사 온 소고기 어디 있어요?
B: 냉동실에 있어.
A: 못 찾겠어요.
B: 냉동실 맨 아래 칸에 있어.
A: 찾았어요. 낙지는 어디 있어요?
B: 그 위 칸에 있잖아.
A: 상추는 어디 있어요?
B: 냉장실 두 번째 칸에 있지.

※ 105페이지 **대화 8-문제**로 이동

>>> 앞 페이지에 있는 대화문을 떠올리며 냉장고를 채워 보세요.

대화 7-문제

대화 8-문제

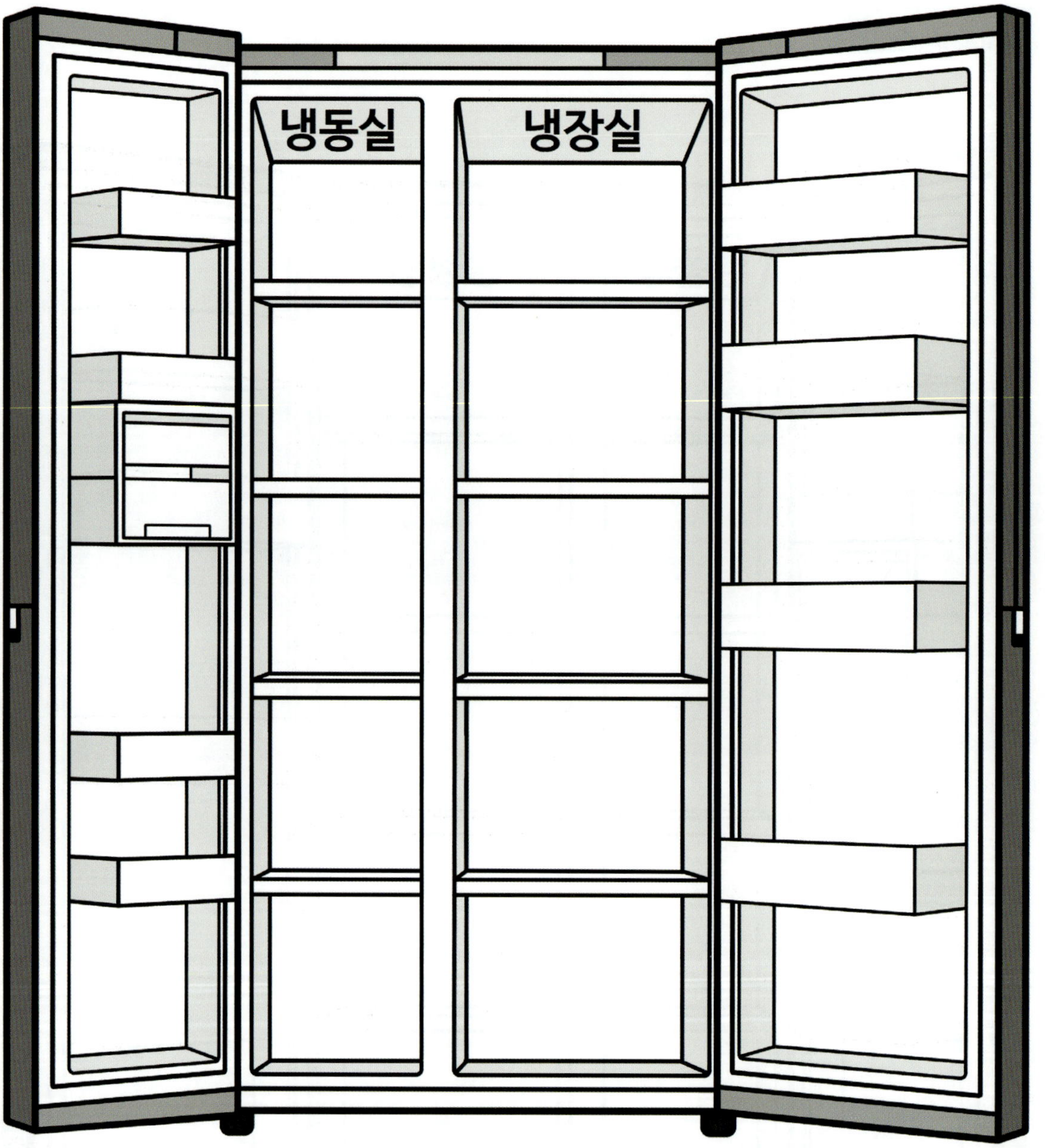

⋙ 다음 대화를 읽고 냉장고 안에 무엇이 있는지 기억해 보세요.

대화 9

A: 어제 사 온 오리고기 어디 있어요?
B: 냉동실에 있어.
A: 못 찾겠어요.
B: 냉동실 세 번째 칸에 있어.
A: 찾았어요. 조기는 어디 있어요?
B: 그 아래 칸에 있잖아.
A: 부추는 어디 있어요?
B: 냉장실 세 번째 칸에 있지.

※ 107페이지 대화 9-문제로 이동

대화 10

A: 어제 사 온 갈치 어디 있어요?
B: 냉동실에 있어.
A: 못 찾겠어요.
B: 냉동실 네 번째 칸에 있어.
A: 찾았어요. 새우는 어디 있어요?
B: 그 위 칸에 있잖아.
A: 고추는 어디 있어요?
B: 냉장실 맨 아래 칸에 있지.

※ 108페이지 대화 10-문제로 이동

>>> 앞 페이지에 있는 대화문을 참고하여 냉장고를 채워 보세요.

대화 9-문제

대화 10-문제

MEMO

4) 달력에 동그라미

》》달력에 중요한 날이 표시되어 있습니다. 날짜와 요일을 잘 기억하세요.

달력 1 마트 쉬는 날을 잘 기억하세요.

1
January

일	월	화	수	목	금	토
					1 신정	2
(3)	4	5	6	7	8	9
10	11	12	13	14	15	16
(17)	18	19	20	21	22	23
24	25	26	27	28	29	30
31						

※ 다음 페이지 달력 1-문제로 이동

>>> 앞에서 기억한 달력의 날짜를 표시해 보세요.

달력 1-문제 마트 쉬는 날을 표시해 보세요(두 군데).

1
January

일	월	화	수	목	금	토
					1 신정	2
3	4	5	6	7	8	9
10	11	12	13	14	15	16
17	18	19	20	21	22	23
24	25	26	27	28	29	30
31						

달력 2 치과 가는 날을 잘 기억하세요.

1
January

일	월	화	수	목	금	토
					1 신정	2
3	4	5	6	7	8	9
10	11	(12)	13	14	15	16
17	18	19	20	21	22	23
24	25	(26)	27	28	29	30
31						

※ 다음 페이지 달력 2-문제로 이동

달력 2-문제 치과 가는 날을 표시해 보세요(두 군데).

1
January

일	월	화	수	목	금	토
					1 신정	2
3	4	5	6	7	8	9
10	11	12	13	14	15	16
17	18	19	20	21	22	23
24	25	26	27	28	29	30
31						

달력 3 등산 가는 날을 잘 기억하세요.

1
January

일	월	화	수	목	금	토
					1 신정	(2)
3	4	5	6	7	8	(9)
10	11	12	13	14	15	16
17	18	19	20	21	22	23
24	25	26	27	28	29	30
31						

※ 다음 페이지 달력 3-문제로 이동

달력 3-문제 등산 가는 날을 표시해 보세요(두 군데).

1
January

일	월	화	수	목	금	토
					1 신정	2
3	4	5	6	7	8	9
10	11	12	13	14	15	16
17	18	19	20	21	22	23
24	25	26	27	28	29	30
31						

달력 4 노래 교실 가는 날을 잘 기억하세요.

1
January

일	월	화	수	목	금	토
					1 신정	2
3	4	5	6	7	(8)	9
10	11	12	13	14	(15)	16
17	18	19	20	21	22	23
24	25	26	27	28	29	30
31						

※ 다음 페이지 달력 4-문제로 이동

달력 4-문제 노래 교실 가는 날을 표시해 보세요(두 군데).

1
January

일	월	화	수	목	금	토
					1 신정	2
3	4	5	6	7	8	9
10	11	12	13	14	15	16
17	18	19	20	21	22	23
24	25	26	27	28	29	30
31						

달력 5 복지관 가는 날을 잘 기억하세요.

1
January

일	월	화	수	목	금	토
					1 신정	2
3	4	(5)	6	7	8	9
10	11	(12)	13	14	15	16
17	18	(19)	20	21	22	23
24	25	(26)	27	28	29	30
31						

※ 다음 페이지 달력 5-문제로 이동

달력 5-문제 복지관 가는 날을 표시해 보세요(네 군데).

1

January

일	월	화	수	목	금	토
					1 신정	2
3	4	5	6	7	8	9
10	11	12	13	14	15	16
17	18	19	20	21	22	23
24	25	26	27	28	29	30
31						

달력 6 분리수거하는 날을 잘 기억하세요.

1
January

일	월	화	수	목	금	토
					1 신정	2
3	4	5	6	(7)	8	9
10	11	12	13	(14)	15	16
17	18	19	20	(21)	22	23
24	25	26	27	(28)	29	30
31						

※ 다음 페이지 달력 6-문제로 이동

달력 6-문제 분리수거하는 날을 표시해 보세요(네 군데).

1
January

일	월	화	수	목	금	토
					1 신정	2
3	4	5	6	7	8	9
10	11	12	13	14	15	16
17	18	19	20	21	22	23
24	25	26	27	28	29	30
31						

달력 7 봉사 활동 가는 날을 잘 기억하세요.

1
January

일	월	화	수	목	금	토
					1 신정	2
3	4	5	(6)	7	8	9
10	11	12	(13)	14	15	16
17	18	19	20	21	22	23
24	25	26	27	28	29	30
31						

※ 다음 페이지 달력 7-문제로 이동

달력 7-문제 봉사 활동 가는 날을 표시해 보세요(두 군데).

1
January

일	월	화	수	목	금	토
					1 신정	2
3	4	5	6	7	8	9
10	11	12	13	14	15	16
17	18	19	20	21	22	23
24	25	26	27	28	29	30
31						

달력 8 장 보러 가는 날을 잘 기억하세요.

1
January

일	월	화	수	목	금	토
					1 신정	2
3	4	5	6	7	8	9
(10)	11	12	13	14	15	16
17	18	19	20	21	22	23
(24)	25	26	27	28	29	30
31						

※ 다음 페이지 달력 8-문제로 이동

달력 8-문제 장 보러 가는 날을 표시해 보세요(두 군데).

1
January

일	월	화	수	목	금	토
					1 신정	2
3	4	5	6	7	8	9
10	11	12	13	14	15	16
17	18	19	20	21	22	23
24	25	26	27	28	29	30
31						

달력 9 댄스 스포츠 하는 날을 잘 기억하세요.

1

January

일	월	화	수	목	금	토
					1 신정	2
3	4	5	6	(7)	8	9
10	11	12	13	14	15	16
17	18	19	20	21	22	23
24	25	26	27	(28)	29	30
31						

※ 다음 페이지 달력 9-문제로 이동

달력 9-문제 댄스 스포츠 하는 날을 표시해 보세요(두 군데).

1

January

일	월	화	수	목	금	토
					1 신정	2
3	4	5	6	7	8	9
10	11	12	13	14	15	16
17	18	19	20	21	22	23
24	25	26	27	28	29	30
31						

달력 10 텃밭에 물 주는 날을 잘 기억하세요.

1
January

일	월	화	수	목	금	토
					1 신정	2
3	4	5	(6)	7	8	9
10	11	12	(13)	14	15	16
17	18	19	(20)	21	22	23
24	25	26	(27)	28	29	30
31						

※ 다음 페이지 달력 10-문제로 이동

달력 10-문제 텃밭에 물 주는 날을 표시해 보세요(네 군데).

1
January

일	월	화	수	목	금	토
					1 신정	2
3	4	5	6	7	8	9
10	11	12	13	14	15	16
17	18	19	20	21	22	23
24	25	26	27	28	29	30
31						

5) 패턴 기억하기

››› 패턴을 보고 기억한 후 키패드의 숫자를 읽어 보세요.

예 Z 모양을 키패드에서 따라 그려 보면 1235789라는 숫자가 나옴

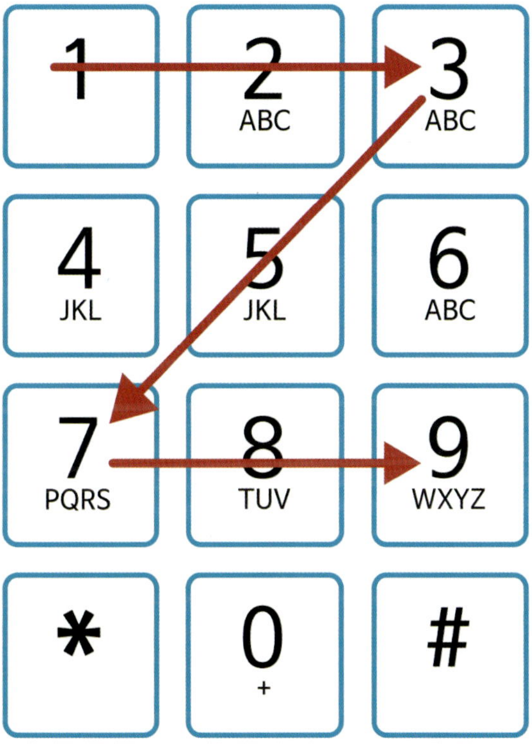

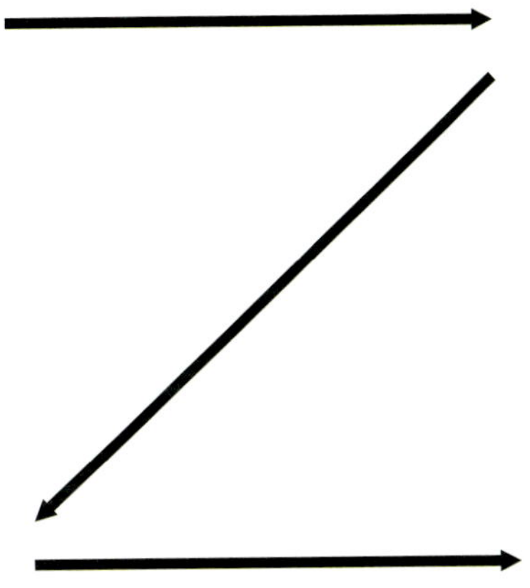

패턴 1. V 모양

※ 다음 페이지 패턴 1로 이동

패턴 2. N 모양

※ 다음 페이지 패턴 2로 이동

패턴 3. M 모양

※ 다음 페이지 패턴 3으로 이동

패턴 4. H 모양

※ 다음 페이지 패턴 4로 이동

패턴 5. L 모양

※ 다음 페이지 패턴 5로 이동

패턴 6. X 모양

※ 다음 페이지 패턴 6으로 이동

패턴 7. K 모양

※ 다음 페이지 패턴 7로 이동

패턴 8. F 모양

※ 다음 페이지 패턴 8로 이동

패턴 9. E 모양

※ 다음 페이지 패턴 9로 이동

패턴 10. T 모양

※ 다음 페이지 패턴 10으로 이동

》 앞 페이지에서 본 패턴을 따라 숫자를 읽어 보세요.

패턴 1. (   )

패턴 2. (   )

패턴 3. (   )

패턴 4. (   )

패턴 5. (   )

패턴 6. (   )

패턴 7. (   )

패턴 8. (   )

패턴 9. (   )

패턴 10. (   )

MEMO

》 아래에 제시된 것을 잘 기억하여 다음 페이지에서 해당되는 것을 고르세요.

1. 다음 글을 읽고 알맞은 강아지를 고르세요.

이름: 아롱이
특징: 목에 노란색 리본을 매고 있음,
몸통은 하얀색이고 귀는 갈색

※ 다음 페이지 문제 1로 이동

2. 다음과 똑같이 색칠된 손을 찾아보세요.

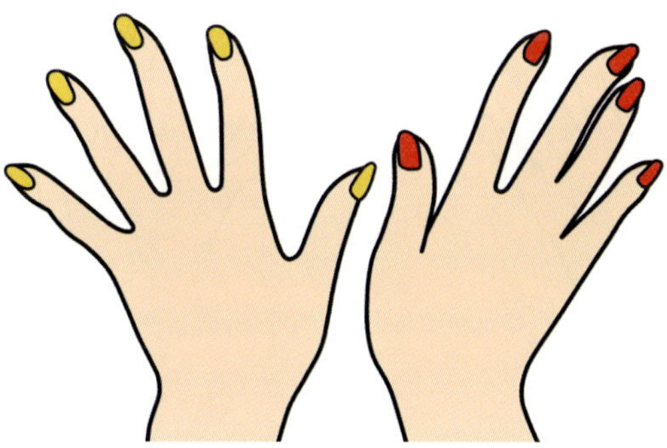

※ 다음 페이지 문제 2로 이동

문제 1.

문제 2.

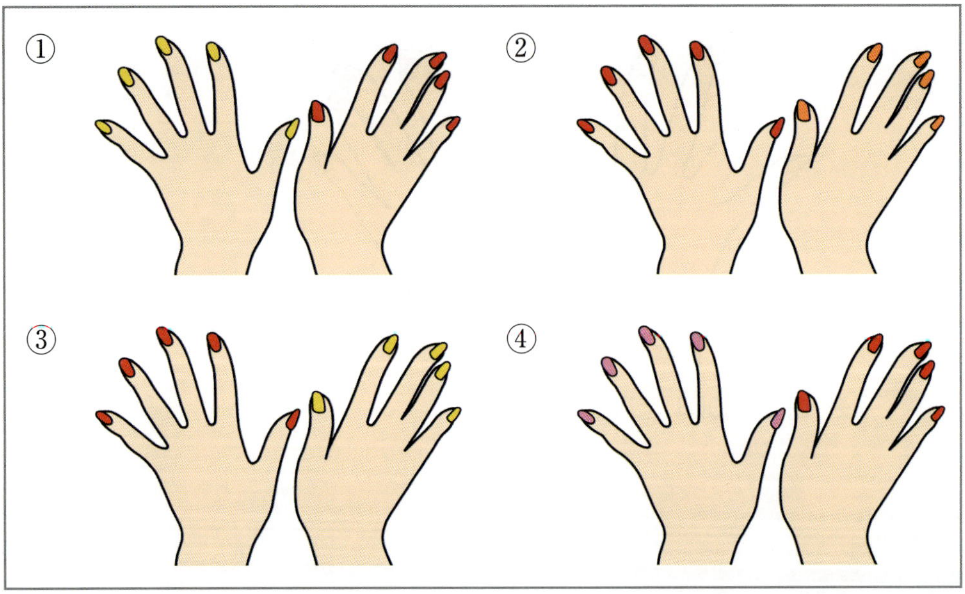

3. 다음과 똑같이 색칠된 사탕을 찾아보세요.

※ 다음 페이지 문제 3으로 이동

4. 다음과 똑같이 색칠된 케이크를 찾아보세요.

※ 다음 페이지 문제 4로 이동

문제 3.

①

②

③

④

문제 4.

①

②

③

④

5. 다음과 똑같이 색칠된 아이스크림을 찾아보세요.

※ 다음 페이지 문제 5로 이동

6. 다음과 똑같이 색칠된 꽃을 찾아보세요.

※ 다음 페이지 문제 6으로 이동

문제 5.

①

②

③

④

문제 6.

①

②

③

④

7. 다음과 똑같이 색칠된 새를 찾아보세요.

※ 다음 페이지 문제 7로 이동

8. 다음과 똑같이 색칠된 다람쥐를 찾아보세요.

※ 다음 페이지 문제 8로 이동

문제 7.

①

②

③

④

문제 8.

①

②

③

④

9. 다음과 똑같이 색칠된 가족을 찾아보세요.

※ 다음 페이지 문제 9로 이동

10. 다음과 똑같이 색칠된 나비를 찾아보세요.

※ 다음 페이지 문제 10으로 이동

문제 **9.**

①

②

③

④

문제 **10.**

①

②

③

④

Level 01

3. 작업기억: 순서

※ 정답은 p. 317

1) 옳은 순서대로 말하기

>>> 다음을 보고 옳은 순서대로 말하거나 써 보세요.

1.

고장냉	→	
차동자	→	
실장화	→	

2.

살겹삼	→	
탕계삼	→	
장국청	→	

3.

기탁세	→	
화동운	→	
장차주	→	

4.

기풍선	→	
컨모리	→	
북트노	→	

5.

뱀마도	→	
말랑조	→	
스피원	→	

6.

프이테	→	
기수정	→	
컨어에	→	

7.

필연색	→	
장합종	→	
종명자	→	

8.

이엉부	→	
어징오	→	
차방소	→	

9.

새달종	→	
끼토산	→	
리무마	→	

10.

리아메	→	
장류정	→	
리끼코	→	

11.

말룩얼	→	
차인견	→	
니랑사	→	

12.

이덩엉	→	
사리요	→	
비깨도	→	

13.

선상갑	→	
원의한	→	
깨근주	→	

14.

터퓨컴	→	
상화자	→	
기춘사	→	

15.

대병해	→	
사종조	→	
차갑장	→	

2) 거꾸로 말하기

>>> 다음을 보고 거꾸로 말하거나 써 보세요.

1.

도롱뇽	→	
망아지	→	
다람쥐	→	

2.

얼룩말	→	
송아지	→	
거북이	→	

3.

장난감	→	
비행기	→	
지하철	→	

4.

종아리	→	
복숭아	→	
개나리	→	

5.

전화기	→	
실내화	→	
책가방	→	

6.

건전지	→	
바구니	→	
케이크	→	

7.

동화책	→	
미술관	→	
도서관	→	

8.

노래방	→	
오두막	→	
바닷가	→	

9.

원시인	→	
사진관	→	
동물원	→	

10.

만화책	→	
돋보기	→	
주사위	→	

11.

변호사	→	
은행원	→	
미화원	→	

12.

방충망	→	
감자탕	→	
꽃등심	→	

13.

고등어	→	
산수유	→	
은행잎	→	

14.

목소리	→	
디저트	→	
승차권	→	

15.

간호사	→	
변리사	→	
안경원	→	

16.

진달래	→	
원추리	→	
부동산	→	

3) 순서대로 말하기

≫ 다음 단어들을 한 단어 쌍씩 순서대로 기억하세요.

1.

집 – 생각

세상 – 가운데

눈 – 정보

시간 – 아무것

※ 다음 페이지 문제 1로 이동

2.

안 – 도움

기준 – 쓰레기

끝 – 사고

모두 – 드라마

※ 다음 페이지 문제 2로 이동

3.

밤 – 언니

경제 – 일요일

방 – 처음

태도 – 어린이

※ 다음 페이지 문제 3으로 이동

4.

군 – 신문

무용 – 아파트

맛 – 선생

경찰 – 토요일

※ 다음 페이지 문제 4로 이동

5.

공 – 시험

순간 – 오징어

딸 – 아래

소식 – 역사가

※ 다음 페이지 문제 5로 이동

6.

말 – 여성 – 지방

사회 – 대회 – 어머니

앞 – 담배 – 경기

국가 – 바다 – 아버지

※ 다음 페이지 문제 6으로 이동

⋙ 앞에서 기억한 대로 단어 쌍을 말하거나 써 보세요.

문제 1.

문제 2.

문제 3.

문제 4.

문제 5.

문제 6.

»» 다음 단어들을 한 단어 쌍씩 순서대로 기억하세요.

7.

돈 – 시대 – 친구

모임 – 커피 – 외국인

날 – 교육 – 자기

지역 – 편지 – 아저씨

※ 다음 페이지 문제 7로 이동

8.

엽 – 동시 – 공부

서양 – 비밀 – 젊은이

꿈 – 환자 – 시절

내용 – 기억 – 부동산

※ 다음 페이지 문제 8로 이동

9.

층 – 광고 – 소설

이제 – 선수 – 문제점

양 – 뉴스 – 고향

아빠 – 속도 – 지난달

※ 다음 페이지 문제 9로 이동

10.

문 – 소년 – 그날

전체 – 나이 – 에너지

짓 – 반대 – 일반

미술 – 오늘 – 고양이

※ 다음 페이지 문제 10으로 이동

11.

곳 – 아침 – 사람 – 표현

가정 – 대신 – 마을 – 일주일

몸 – 관심 – 소리 – 정도

이번 – 계획 – 노래 – 자동차

※ 다음 페이지 문제 11로 이동

>>> 앞에서 기억한 대로 단어 쌍을 말하거나 써 보세요.

문제 7.

문제 8.

문제 9.

문제 10.

문제 11.

》 다음 단어들을 한 단어 씩씩 순서대로 기억하세요.

12.

물 – 조사 – 이상 – 결국

판매 – 의미 – 사용 – 대표적

입 – 전쟁 – 세계 – 관련

새벽 – 바닥 – 현대 – 예술가

※ 다음 페이지 문제 12로 이동

13.

밤 – 기본 – 성격 – 지금

대화 – 며칠 – 자료 – 상대방

옷 – 방송 – 책임 – 냄새

보호 – 연구 – 나라 – 그림자

※ 다음 페이지 문제 13으로 이동

14.

왕 – 전통 – 부부 – 관리

기회 – 시장 – 외국 – 전문가

값 – 시민 – 표정 – 어른

뿌리 – 기술 – 차례 – 오래전

※ 다음 페이지 문제 14로 이동

⋙ 앞에서 기억한 대로 단어 쌍을 말하거나 써 보세요.

문제 12.

문제 13.

문제 14.

»» 다음 단어들을 한 단어 쌍씩 순서대로 기억하세요.

15.

산 – 주변 – 아내 – 평소

크기 – 옛날 – 주위 – 머릿속

급 – 식사 – 재료 – 말씀

시설 – 그림 – 자연 – 마음속

※ 다음 페이지 문제 15로 이동

≫ 앞에서 기억한 대로 단어 쌍을 말하거나 써 보세요.

문제 **15.**

4) 단어 쌍 거꾸로 말하기

»» 다음 단어들을 한 단어 쌍씩 거꾸로 기억하세요.

예 '노래 – 발': '발 – 노래'로 기억하기

1.

집 – 생각

세상 – 가운데

눈 – 정보

시간 – 아무것

※ 다음 페이지 문제 1로 이동

2.

안 – 도움

기준 – 쓰레기

끝 – 사고

모두 – 드라마

※ 다음 페이지 문제 2로 이동

3.

밤 – 언니

경제 – 일요일

방 – 처음

태도 – 어린이

※ 다음 페이지 문제 3으로 이동

4.

군 – 신문

무용 – 아파트

맛 – 선생

경찰 – 토요일

※ 다음 페이지 문제 4로 이동

5.

공 – 시험

순간 – 오징어

딸 – 아래

소식 – 역사가

※ 다음 페이지 문제 5로 이동

6.

말 – 여성 – 지방

사회 – 대회 – 어머니

앞 – 담배 – 경기

국가 – 바다 – 아버지

※ 다음 페이지 문제 6으로 이동

>>> 앞에서 기억한 대로 단어 쌍을 말하거나 써 보세요.

문제 1.

문제 2.

문제 3.

문제 4.

문제 5.

문제 6.

》 다음 단어들을 한 단어 쌍씩 거꾸로 기억하세요.

7.

돈 – 시대 – 친구

모임 – 커피 – 외국인

날 – 교육 – 자기

지역 – 편지 – 아저씨

※ 다음 페이지 문제 7로 이동

8.

옆 – 동시 – 공부

서양 – 비밀 – 젊은이

꿈 – 환자 – 시절

내용 – 기억 – 부동산

※ 다음 페이지 문제 8로 이동

9.

층 – 광고 – 소설

이제 – 선수 – 문제점

양 – 뉴스 – 고향

아빠 – 속도 – 지난달

※ 다음 페이지 문제 9로 이동

10.

문 – 소년 – 그날

전체 – 나이 – 에너지

짓 – 반대 – 일반

미술 – 오늘 – 고양이

※ 다음 페이지 문제 10으로 이동

11.

곳 – 아침 – 사람 – 표현

가정 – 대신 – 마을 – 일주일

몸 – 관심 – 소리 – 정도

이번 – 계획 – 노래 – 자동차

※ 다음 페이지 문제 11로 이동

»» 앞에서 기억한 대로 단어 쌍을 말하거나 써 보세요.

문제 7.

문제 8.

문제 9.

문제 10.

문제 11.

>>> 다음 단어들을 한 단어 쌍씩 거꾸로 기억하세요.

12.

물 – 조사 – 이상 – 결국

판매 – 의미 – 사용 – 대표적

입 – 전쟁 – 세계 – 관련

새벽 – 바닥 – 현대 – 예술가

※ 다음 페이지 문제 12로 이동

13.

밤 – 기본 – 성격 – 지금

대화 – 며칠 – 자료 – 상대방

옷 – 방송 – 책임 – 냄새

보호 – 연구 – 나라 – 그림자

※ 다음 페이지 문제 13으로 이동

14.

왕 – 전통 – 부부 – 관리

기회 – 시장 – 외국 – 전문가

값 – 시민 – 표정 – 어른

뿌리 – 기술 – 차례 – 오래전

※ 다음 페이지 문제 14로 이동

》》 앞에서 기억한 대로 단어 쌍을 말하거나 써 보세요.

문제 12.

문제 13.

문제 14.

»» 다음 단어들을 한 단어 쌍씩 거꾸로 기억하세요.

15.

산 – 주변 – 아내 – 평소
크기 – 옛날 – 주위 – 머릿속
급 – 식사 – 재료 – 말씀
시설 – 그림 – 자연 – 마음속

※ 다음 페이지 문제 15로 이동

≫ 앞에서 기억한 대로 단어 쌍을 말하거나 써 보세요.

문제 15.

5) ㄱㄴ 순으로 말하기

>>> 다음 단어들을 ㄱㄴ 순으로 배열하여 말하거나 써 보세요.

1.

집 – 생각	→	예) **생각–집**
세상 – 가운데	→	
눈 – 정보	→	
시간 – 아무것	→	

2.

안 – 도움	→	
기준 – 쓰레기	→	
끝 – 사고	→	
모두 – 드라마	→	

3.

밤 – 언니	→	
경제 – 일요일	→	
방 – 처음	→	
태도 – 어린이	→	

4.

군 - 신문	→	
무용 - 아파트	→	
맛 - 선생	→	
경찰 - 토요일	→	

5.

공 - 시험	→	
순간 - 오징어	→	
딸 - 아래	→	
소식 - 역사가	→	

6.

말 - 여성 - 지방	→	
사회 - 대회 - 어머니	→	
앞 - 담배 - 경기	→	
국가 - 바다 - 아버지	→	

7.

돈 – 시대 – 친구	→	
모임 – 커피 – 외국인	→	
날 – 교육 – 자기	→	
지역 – 편지 – 아저씨	→	

8.

옆 – 동시 – 공부	→	
서양 – 비밀 – 젊은이	→	
꿈 – 환자 – 시절	→	
내용 – 기억 – 부동산	→	

9.

층 – 광고 – 소설	→	
이제 – 선수 – 문제점	→	
양 – 뉴스 – 고향	→	
아빠 – 속도 – 지난달	→	

10.

문 - 소년 - 그날	→	
전체 - 나이 - 에너지	→	
짓 - 반대 - 일반	→	
미술 - 오늘 - 고양이	→	

11.

곳 - 아침 - 사람 - 표현	→	
가정 - 대신 - 마을 - 일주일	→	
몸 - 관심 - 소리 - 정도	→	
이번 - 계획 - 노래 - 자동차	→	

12.

물 - 조사 - 이상 - 결국	→	
판매 - 의미 - 사용 - 대표적	→	
입 - 전쟁 - 세계 - 관련	→	
새벽 - 바닥 - 현대 - 예술가	→	

13.

밤 – 기본 – 성격 – 지금	→	
대화 – 며칠 – 자료 – 상대방	→	
옷 – 방송 – 책임 – 냄새	→	
보호 – 연구 – 나라 – 그림자	→	

14.

왕 – 전통 – 부부 – 관리	→	
기회 – 시장 – 외국 – 전문가	→	
값 – 시민 – 표정 – 어른	→	
뿌리 – 기술 – 차례 – 오래전	→	

15.

산 – 주변 – 아내 – 평소	→	
크기 – 옛날 – 주위 – 머릿속	→	
급 – 식사 – 재료 – 말씀	→	
시설 – 그림 – 자연 – 마음속	→	

MEMO

6) 순서대로 단어 기억하기

≫ 다음의 단어를 순서대로 기억하세요.

1. 사과 – 바나나 – 포도 – 수박
※ 다음 페이지 문제 1로 이동

2. 옥수수 – 귤 – 자두 – 감
※ 다음 페이지 문제 2로 이동

3. 딸기 – 블루베리 – 참외 – 자몽
※ 다음 페이지 문제 3으로 이동

4. 밤 – 키위 – 토마토 – 오이
※ 다음 페이지 문제 4로 이동

5. 배 – 매실 – 오미자 – 오렌지
※ 다음 페이지 문제 5로 이동

6. 토끼 – 다람쥐 – 말 – 사자
※ 다음 페이지 문제 6으로 이동

7. 원숭이 – 소 – 닭 – 코끼리
※ 다음 페이지 문제 7로 이동

8. 양 – 하마 – 코뿔소 – 펭귄
※ 다음 페이지 문제 8로 이동

9. 쥐 – 호랑이 – 사슴 – 개
※ 다음 페이지 문제 9로 이동

10. 염소 – 도마뱀 – 기린 – 오리
※ 다음 페이지 문제 10으로 이동

>>> 기억한 단어를 아래의 순서대로 말하거나 써 보세요.

	첫 번째 단어	마지막 단어
문제 **1.**	______	______
문제 **2.**	______	______
문제 **3.**	______	______
문제 **4.**	______	______
문제 **5.**	______	______

	두 번째 단어	뒤에서 두 번째 단어
문제 **6.**	______	______
문제 **7.**	______	______
문제 **8.**	______	______
문제 **9.**	______	______
문제 **10.**	______	______

7) 그림 보고 순서대로 나열하기

⋙ 그림을 보고 물건이 몇 개인지 기억하세요.

예시

1.

※ 다음 페이지 문제 1로 이동

2.

※ 다음 페이지 문제 2로 이동

>>> 기억한 물건을 개수가 적은 것부터 많은 것까지 순서대로 말하거나 써 보세요.

예 시 시계 → 바나나 → 자전거

문제 1.

________ → ________ → ________

문제 2.

________ → ________ → ________

≫ 그림을 보고 물건이 몇 개인지 기억하세요.

3.

※ 다음 페이지 문제 3으로 이동

4.

※ 다음 페이지 문제 4로 이동

5.

※ 다음 페이지 문제 5로 이동

>>> 기억한 물건을 개수가 적은 것부터 많은 것까지 순서대로 말하거나 써 보세요.

문제 3.

____________ → ____________ → ____________

문제 4.

____________ → ____________ → ____________

문제 5.

____________ → ____________ → ____________

»» 그림을 보고 물건이 몇 개인지 기억하세요.

6.

※ 다음 페이지 문제 6으로 이동

7.

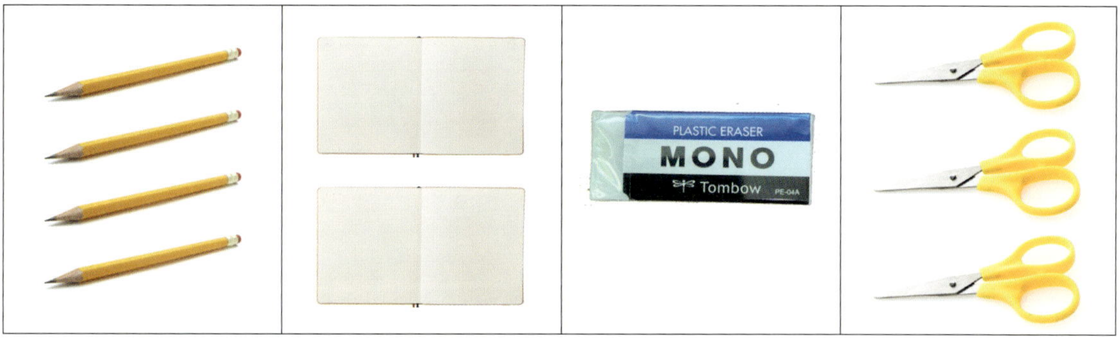

※ 다음 페이지 문제 7로 이동

8.

※ 다음 페이지 문제 8로 이동

››› 기억한 물건을 개수가 적은 것부터 많은 것까지 순서대로 말하거나 써 보세요.

문제 6.

_______ → _______ → _______ → _______

문제 7.

_______ → _______ → _______ → _______

문제 8.

_______ → _______ → _______ → _______

》》 그림을 보고 물건이 몇 개인지 기억하세요.

9.

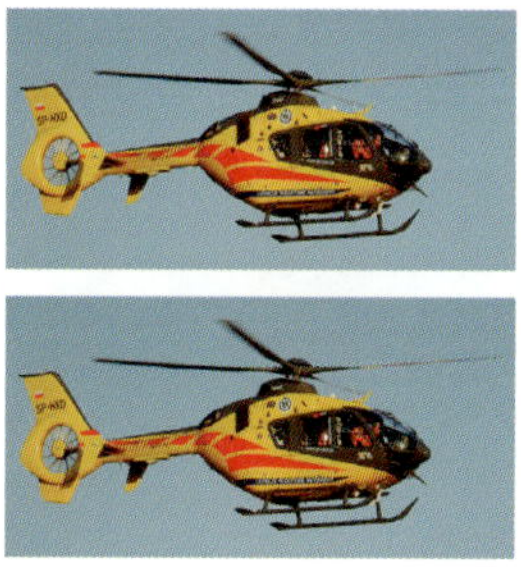			

※ 다음 페이지 문제 9로 이동

10.

※ 다음 페이지 문제 10으로 이동

››› 기억한 물건을 개수가 적은 것부터 많은 것까지 순서대로 말하거나 써 보세요.

문제 **9.**

__________ → __________ → __________ → __________

문제 **10.**

__________ → __________ → __________ → __________

8) 문장 지시 따르기

»» 다음 문장을 읽고 기억하세요. 그러고 나서 문장을 보지 않고 기억한 대로 행동해 보세요.

1. 주먹을 쥔 후 박수를 두 번 치세요.

2. 머리를 긁은 후 두 팔을 위로 올리세요.

3. 발을 구른 후 코를 만지세요.

4. 허리를 두드린 후 무릎에 손을 올리세요.

5. 팔짱을 낀 후 고개를 끄덕이세요.

6. 어깨춤을 춘 후 배를 만지세요.

7. 양쪽 귀를 잡은 후 눈을 두 번 깜박이세요.

8. 입을 크게 벌린 후 왼팔을 들어 보세요.

9. 손목을 세 번 돌린 후 앉았다 일어섰다를 두 번 하세요.

10. 손바닥을 비빈 후 양 볼에 손을 갖다 대세요.

Level 02

4. 작업기억: 순서

※ 정답은 p. 323

1) 옳은 순서대로 말하기

》》 다음을 보고 옳은 순서대로 말하거나 써 보세요.

1.

비마고천	→	
금고서동	→	
돈정리정	→	

2.

지라꾸미	→	
기고리오	→	
개찌치김	→	

3.

기라바해	→	
비갈지돼	→	
음볶지낙	→	

4.

기치루두	→	
미라그동	→	
면냉양평	→	

5.

구장승승	→	
미러느지	→	
비개람바	→	

6.

화보은금	→	
산갑수삼	→	
복위화전	→	

7.

수국빔비	→	
치김무열	→	
열치열이	→	

8.

화영귀부	→	
쟁전국한	→	
마치홍다	→	

9.

해대망망	→	
트어이다	→	
트벨전안	→	

2) 거꾸로 말하기

»» 다음을 보고 거꾸로 말하거나 써 보세요.

1.

동서남북	→	
삼고초려	→	
토사구팽	→	

2.

사리사욕	→	
마이동풍	→	
견물생심	→	

3.

옥신각신	→	
허무맹랑	→	
독수공방	→	

4.

절세미인	→	
허심탄회	→	
아비규환	→	

5.

오순도순	→	
섬섬옥수	→	
동네방네	→	

6.

방방곡곡	→	
금수강산	→	
오매불망	→	

7.

만리장성	→	
전전긍긍	→	
청출어람	→	

8.

반신반의	→	
적막강산	→	
오장육부	→	

9.

알랑방귀	→	
호의호식	→	
엉망진창	→	

10.

주마간산	→	
우후죽순	→	
산해진미	→	

3) 순서대로 말하기

⋙ 다음의 단어를 순서대로 기억하세요. 그러고 나서 단어를 보지 않고 순서대로 다시 말해 보세요.

예 시

(단어 읽기) 독서 – 유리 – 기러기 – 편지 – 소리

(단어 보지 않고 다시 말하기) 독서 – 유리 – 기러기 – 편지 – 소리

1.

속 – 가슴 – 문제 – 학교 – 지난해

중심 – 머리 – 그때 – 인간 – 대통령

길 – 정신 – 발표 – 나중 – 목소리

환경 – 문화 – 아이 – 생활 – 티브이

2.

밥 – 정치 – 엄마 – 한편 – 스타일

질서 – 비용 – 공간 – 세기 – 연구소

불 – 대표 – 건물 – 한쪽 – 어려움

동생 – 그룹 – 바람 – 재산 – 스포츠

3.

밖 – 각종 – 다음 – 영화 – 자전거

자식 – 편지 – 국내 – 이야기 – 십이월

글 – 얼굴 – 사실 – 단체 – 마지막

혼자 – 마음 – 요즘 – 전화 – 그동안

4.

잔 – 박사 – 이후 – 결혼 – 세계적

작가 – 평화 – 이날 – 능력 – 대학생

손 – 과거 – 역사 – 제품 – 비행기

동네 – 경험 – 버스 – 사이 – 오늘날

5.

꽃 – 이유 – 방향 – 회장 – 전국 – 나머지

남자 – 음식 – 부분 – 행동 – 사무실 – 구체적

잎 – 수업 – 과학 – 목적 – 라디오

모양 – 사랑 – 올해 – 건강 – 지하철

6.

일 – 자신 – 방법 – 경우 – 학생 – 소비자

자리 – 국민 – 사월 – 여자 – 노동자 – 분위기

점 – 문학 – 교수 – 노력 – 일부 – 대부분

하늘 – 불교 – 운동 – 자체 – 도서관 – 컴퓨터

7.

뜻 – 차이 – 목표 – 결과 – 학년 – 오른쪽

변화 – 역할 – 기분 – 대중 – 서비스 – 주인공

줄 – 도시 – 시인 – 은행 – 백화점

기계 – 이름 – 병원 – 최근 – 토요일

8.

땅 – 최고 – 물건 – 개인 – 남녀 – 식용유

현재 – 필요 – 음악 – 다리 – 과학자 – 스스로

전 – 부모 – 나무 – 관계 – 활동 – 청소년

조건 – 민족 – 동안 – 가족 – 손가락 – 이야기

9.

술 – 게임 – 보통 – 행사 – 저녁 – 탤런트

대학 – 무역 – 종교 – 한글 – 공무원 – 이미지

춤 – 소녀 – 아들 – 피부 – 희망 – 근로자

국제 – 배경 – 죽음 – 형님 – 손바닥 – 대기업

10.

열 – 누나 – 고기 – 미래 – 전문 – 승용차

느낌 – 기간 – 의견 – 회원 – 시청자 – 중학교

책 – 얼마 – 남편 – 발전 – 사진 – 가능성

고개 – 모습 – 한번 – 예술 – 부모님 – 사회적

4) 단어 쌍 거꾸로 말하기

⋙ 다음 단어들을 한 번 읽습니다. 그러고 나서 단어를 보지 않고 거꾸로 다시 말해 보세요.

예 시

(단어 읽기) 독서 - 유리 - 기러기 - 편지 - 소리

(단어 보지 않고 거꾸로 말하기) 소리 - 편지 - 기러기 - 유리 - 독서

1.

속 - 가슴 - 문제 - 학교 - 지난해

중심 - 머리 - 그때 - 인간 - 대통령

길 - 정신 - 발표 - 나중 - 목소리

환경 - 문화 - 아이 - 생활 - 티브이

2.

밥 - 정치 - 엄마 - 한편 - 스타일

질서 - 비용 - 공간 - 세기 - 연구소

불 - 대표 - 건물 - 한쪽 - 어려움

동생 - 그룹 - 바람 - 재산 - 스포츠

3.

밖 – 각종 – 다음 – 영화 – 자전거

자식 – 편지 – 국내 – 이야기 – 십이월

글 – 얼굴 – 사실 – 단체 – 마지막

혼자 – 마음 – 요즘 – 전화 – 그동안

4.

잔 – 박사 – 이후 – 결혼 – 세계적

작가 – 평화 – 이날 – 능력 – 대학생

손 – 과거 – 역사 – 제품 – 비행기

동네 – 경험 – 버스 – 사이 – 오늘날

5.

꽃 – 이유 – 방향 – 회장 – 전국 – 나머지

남자 – 음식 – 부분 – 행동 – 사무실 – 구체적

잎 – 수업 – 과학 – 목적 – 라디오

모양 – 사랑 – 올해 – 건강 – 지하철

6.

일 – 자신 – 방법 – 경우 – 학생 – 소비자

자리 – 국민 – 사월 – 여자 – 노동자 – 분위기

점 – 문학 – 교수 – 노력 – 일부 – 대부분

하늘 – 불교 – 운동 – 자체 – 도서관 – 컴퓨터

7.

뜻 – 차이 – 목표 – 결과 – 학년 – 오른쪽

변화 – 역할 – 기분 – 대중 – 서비스 – 주인공

줄 – 도시 – 시인 – 은행 – 백화점

기계 – 이름 – 병원 – 최근 – 토요일

8.

땅 – 최고 – 물건 – 개인 – 남녀 – 식용유

현재 – 필요 – 음악 – 다리 – 과학자 – 스스로

전 – 부모 – 나무 – 관계 – 활동 – 청소년

조건 – 민족 – 동안 – 가족 – 손가락 – 이야기

9.

술 – 게임 – 보통 – 행사 – 저녁 – 탤런트

대학 – 무역 – 종교 – 한글 – 공무원 – 이미지

춤 – 소녀 – 아들 – 피부 – 희망 – 근로자

국제 – 배경 – 죽음 – 형님 – 손바닥 – 대기업

10.

열 – 누나 – 고기 – 미래 – 전문 – 승용차

느낌 – 기간 – 의견 – 회원 – 시청자 – 중학교

책 – 얼마 – 남편 – 발전 – 사진 – 가능성

고개 – 모습 – 한번 – 예술 – 부모님 – 사회적

MEMO

5) ㄱㄴ 순으로 말하기

››› 다음 단어들을 한 단어 쌍씩 읽고 기억해 보세요.

1.

속 – 가슴 – 문제 – 학교 – 지난해

중심 – 머리 – 그때 – 인간 – 대통령

길 – 정신 – 발표 – 나중 – 목소리

환경 – 문화 – 아이 – 생활 – 티브이

※ 다음 페이지 문제 1로 이동

2.

밥 – 정치 – 엄마 – 한편 – 스타일

질서 – 비용 – 공간 – 세기 – 연구소

불 – 대표 – 건물 – 한쪽 – 어려움

동생 – 그룹 – 바람 – 재산 – 스포츠

※ 다음 페이지 문제 2로 이동

»» 앞에서 기억한 단어를 ㄱㄴ 순으로 다시 배열하여 말하거나 써 보세요.

문제 1.

예) 가슴 – 문제 – 속 – 지난해 – 학교

문제 2.

3.

밖 – 각종 – 다음 – 영화 – 자전거

자식 – 편지 – 국내 – 이야기 – 십이월

글 – 얼굴 – 사실 – 단체 – 마지막

혼자 – 마음 – 요즘 – 전화 – 그동안

※ 다음 페이지 문제 3으로 이동

4.

잔 – 박사 – 이후 – 결혼 – 세계적

작가 – 평화 – 이날 – 능력 – 대학생

책 – 얼마 – 남편 – 발전 – 사진 – 가능성

고개 – 모습 – 한번 – 예술 – 부모님 – 사회적

※ 다음 페이지 문제 4로 이동

5.

잎 – 수업 – 과학 – 목적 – 라디오

모양 – 사랑 – 올해 – 건강 – 지하철

손 – 과거 – 역사 – 제품 – 비행기

동네 – 경험 – 버스 – 사이 – 오늘날

※ 다음 페이지 문제 5로 이동

문제 3.

문제 4.

문제 5.

6.

일 – 자신 – 방법 – 경우 – 학생 – 소비자
자리 – 국민 – 사월 – 여자 – 노동자 – 분위기
점 – 문학 – 교수 – 노력 – 일부 – 대부분
하늘 – 불교 – 운동 – 자체 – 도서관 – 컴퓨터

※ 다음 페이지 문제 6으로 이동

7.

줄 – 도시 – 시인 – 은행 – 백화점
기계 – 이름 – 병원 – 최근 – 토요일
꽃 – 이유 – 방향 – 회장 – 전국 – 나머지
남자 – 음식 – 부분 – 행동 – 사무실 – 구체적

※ 다음 페이지 문제 7로 이동

8.

뜻 – 차이 – 목표 – 결과 – 학년 – 오른쪽
변화 – 역할 – 기분 – 대중 – 서비스 – 주인공
땅 – 최고 – 물건 – 개인 – 남녀 – 식용유
현재 – 필요 – 음악 – 다리 – 과학자 – 스스로

※ 다음 페이지 문제 8로 이동

문제 6.

문제 7.

문제 8.

9.

전 – 부모 – 나무 – 관계 – 활동 – 청소년

조건 – 민족 – 동안 – 가족 – 손가락 – 이야기

술 – 게임 – 보통 – 행사 – 저녁 – 탤런트

대학 – 무역 – 종교 – 한글 – 공무원 – 이미지

※ 다음 페이지 문제 9로 이동

10.

춤 – 소녀 – 아들 – 피부 – 희망 – 근로자

국제 – 배경 – 죽음 – 형님 – 손바닥 – 대기업

열 – 누나 – 고기 – 미래 – 전문 – 승용차

느낌 – 기간 – 의견 – 회원 – 시청자 – 중학교

※ 다음 페이지 문제 10으로 이동

문제 **9.**

문제 **10.**

6) 순서대로 단어 기억하기

⋙ 다음의 단어를 순서대로 기억하세요.

1. 사과 – 바나나 – 포도
   ※ 다음 페이지 문제 1로 이동

2. 거울 – 빗 – 치약
   ※ 다음 페이지 문제 2로 이동

3. 병아리 – 토끼 – 쥐
   ※ 다음 페이지 문제 3으로 이동

4. 땅콩 – 팥 – 아몬드
   ※ 다음 페이지 문제 4로 이동

5. 초록 – 빨강 – 빨강 – 파랑
   ※ 다음 페이지 문제 5로 이동

6. 노랑 – 검정 – 주황 – 주황
   ※ 다음 페이지 문제 6으로 이동

7. 녹두 – 콩 – 수수 – 조
   ※ 다음 페이지 문제 7로 이동

8. 무릎 – 손 – 발 – 팔꿈치
   ※ 다음 페이지 문제 8로 이동

9. 머리 – 어깨 – 등 – 허리
   ※ 다음 페이지 문제 9로 이동

10. 접시 – 냄비 – 프라이팬 – 칼
    ※ 다음 페이지 문제 10으로 이동

⋙ 기억한 단어를 아래의 순서대로 말하거나 써 보세요.

문제 1.	두 번째	–	세 번째	–	첫 번째 단어
	______	→	______	→	______
문제 2.	세 번째	–	두 번째	–	첫 번째 단어
	______	→	______	→	______
문제 3.	세 번째	–	첫 번째	–	두 번째 단어
	______	→	______	→	______
문제 4.	두 번째	–	세 번째	–	첫 번째 단어
	______	→	______	→	______
문제 5.	두 번째	–	네 번째	–	세 번째 단어
	______	→	______	→	______
문제 6.	세 번째	–	네 번째	–	첫 번째 단어
	______	→	______	→	______
문제 7.	첫 번째	–	두 번째	–	네 번째 단어
	______	→	______	→	______
문제 8.	세 번째	–	두 번째	–	첫 번째 단어
	______	→	______	→	______
문제 9.	두 번째	–	네 번째	–	세 번째 단어
	______	→	______	→	______
문제 10.	네 번째	–	두 번째	–	첫 번째 단어
	______	→	______	→	______

7) 그림 보고 순서대로 나열하기

››› 그림을 보고 물건이 몇 개인지 기억하세요.

예 시

1.

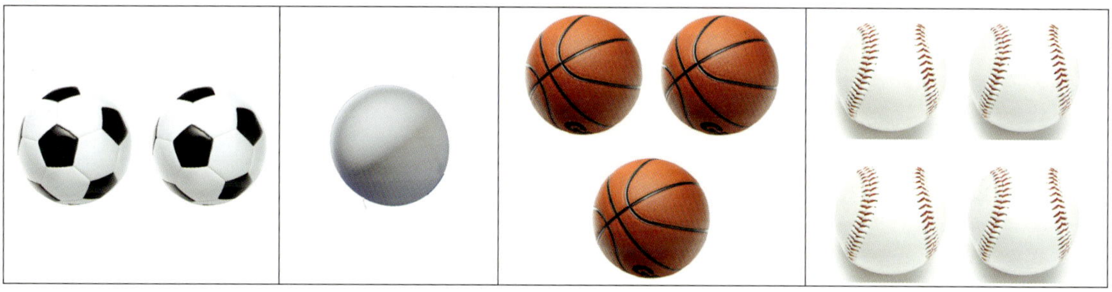

※ 다음 페이지 문제 1로 이동

2.

※ 다음 페이지 문제 2로 이동

››› 기억한 물건을 개수가 적은 것부터 많은 것까지 순서대로 말하거나 써 보세요.

예 시 연필 → 시계 → 자전거 → 바나나

문제 1. ______ → ______ → ______ → ______

문제 2. ______ → ______ → ______ → ______

⋙ 그림을 보고 물건이 몇 개인지 기억하세요.

3.

※ 다음 페이지 문제 3으로 이동

4.

※ 다음 페이지 문제 4로 이동

5.

※ 다음 페이지 문제 5로 이동

⋙ 기억한 물건을 개수가 적은 것부터 많은 것까지 순서대로 말하거나 써 보세요.

문제 3.

__________ → __________ → __________ → __________

문제 4.

__________ → __________ → __________ → __________

문제 5.

__________ → __________ → __________ → __________

》 그림을 보고 물건이 몇 개인지 기억하세요.

6.

※ 다음 페이지 문제 6으로 이동

7.

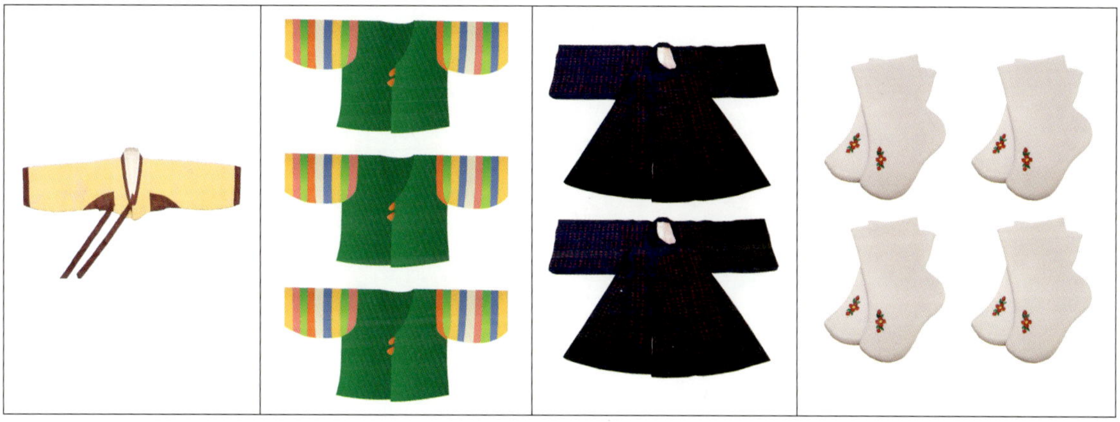

※ 다음 페이지 문제 7로 이동

8.

※ 다음 페이지 문제 8로 이동

››› 기억한 물건을 개수가 적은 것부터 많은 것까지 순서대로 말하거나 써 보세요.

문제 6.

________ → ________ → ________ → ________

문제 7.

________ → ________ → ________ → ________

문제 8.

________ → ________ → ________ → ________

»» 그림을 보고 물건이 몇 개인지 기억하세요.

9.

		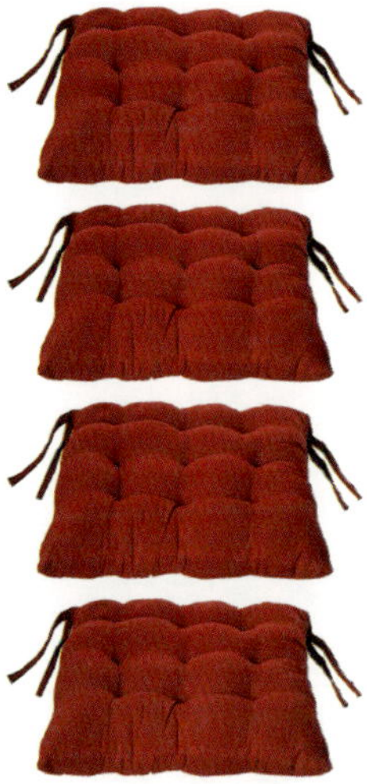	

※ 다음 페이지 문제 9로 이동

10.

※ 다음 페이지 문제 10으로 이동

》 기억한 물건을 개수가 적은 것부터 많은 것까지 순서대로 말하거나 써 보세요.

문제 9.

__________ → __________ → __________ → __________

문제 10.

__________ → __________ → __________ → __________

8) 문장 지시 따르기

》 다음을 두 문장씩 순서대로 읽고 기억하세요. 그러고 나서 문장을 보지 않고 기억한 대로 행동해 보세요.

1. 주먹을 쥔 후 박수를 두 번 치세요.

머리를 긁은 후 두 팔을 위로 올리세요.

2. 발을 구른 후 코를 만지세요.

허리를 두드린 후 무릎에 손을 올리세요.

3. 팔짱을 낀 후 고개를 끄덕이세요.

어깨춤을 춘 후에 배를 만지세요.

4. 양쪽 귀를 잡은 후에 눈을 두 번 깜박이세요.

입을 크게 벌린 후 왼팔을 들어 보세요.

5. 손목을 세 번 돌린 후 앉았다 일어섰다를 두 번 하세요.

손바닥을 비빈 후 양 볼에 손을 갖다 대세요.

Level 03

5. 작업기억: 순서

※ 정답은 p. 328

1) 옳은 순서대로 말하기

>>> 다음을 보고 옳은 순서대로 말하거나 써 보세요.

1.

쟁전과랑사	→	
당학아숭봉	→	
다산자혼나	→	

2.

배할다보꽃	→	
지금차정주	→	
곡명의후불	→	

3.

사개중인공	→	
대그온서에별	→	
과인부산풍순	→	

4.

서상전님모부	→	
사별감리아병	→	
상밥의인국한	→	

5.

끼새리우운미	→	
역구호보이린어	→	
킥이하이없침거	→	

2) 거꾸로 말하기

≫ 다음을 보고 거꾸로 말하거나 써 보세요.

1. 작은 아씨들 →

   헤어질 결심 →

2. 전쟁과 평화 →

   폭풍의 언덕 →

3. 로마의 휴일 →

   천국의 계단 →

4. 조폭 마누라 →

   부부의 세계 →

5. 전국노래자랑 →

   무자식 상팔자 →

6. 제빵왕 김탁구 →

사랑의 불시착 →

7. 다함께 차차차 →

친절한 금자씨 →

8. 금쪽같은 내새끼 →

나의 해방일지 →

9. 태양은 가득히 →

티파니에서 아침을 →

10. 바람과 함께 사라지다 →

태어난 김에 세계일주 →

MEMO

3) 순서대로 단어 기억하기

≫ 다음의 단어를 순서대로 기억하세요. 그러고 나서 기억한 단어를 보지 않고 순서대로 말하거나 써 보세요.

1. 사과 – 바나나 – 포도 – 딸기
   ※ 다음 페이지 문제 1로 이동
2. 귤 – 옥수수 – 감 – 망고
   ※ 다음 페이지 문제 2로 이동
3. 계란 – 우유 – 밀가루 – 버터
   ※ 다음 페이지 문제 3으로 이동
4. 쥐 – 고양이 – 말 – 사자
   ※ 다음 페이지 문제 4로 이동
5. 김밥 – 시금치 – 맥주 – 라면
   ※ 다음 페이지 문제 5로 이동
6. 모자 – 사탕 – 우산 – 베개
   ※ 다음 페이지 문제 6으로 이동
7. 오이 – 가지 – 미나리 – 버섯
   ※ 다음 페이지 문제 7로 이동
8. 트럭 – 자전거 – 버스 – 배
   ※ 다음 페이지 문제 8로 이동
9. 냄비 – 행주 – 도마 – 젓가락
   ※ 다음 페이지 문제 9로 이동
10. 소파 – 베개 – 이불 – 담요
   ※ 다음 페이지 문제 10으로 이동

»» 기억한 단어를 아래의 순서대로 말하거나 써 보세요.

	짝수 번째 단어	홀수 번째 단어
문제 1.		
문제 2.		
문제 3.		
문제 4.		
문제 5.		
문제 6.		
문제 7.		
문제 8.		
문제 9.		
문제 10.		

4) 그림 보고 순서대로 나열하기

>>> 그림을 보고 물건이 몇 개인지 기억하세요.

1.

※ 다음 페이지 문제 1로 이동

2.

※ 다음 페이지 문제 2로 이동

>>> 기억한 물건을 개수가 적은 것부터 많은 것까지 순서대로 말하거나 써 보세요.

문제 1.

_______________ → _______________ → _______________

문제 2.

_______________ → _______________ → _______________

3.

※ 다음 페이지 문제 3으로 이동

4.

※ 다음 페이지 문제 4로 이동

››› 기억한 물건을 개수가 적은 것부터 많은 것까지 순서대로 말하거나 써 보세요.

문제 3.

__________ → __________ → __________

문제 4.

__________ → __________ → __________ → __________

5.

※ 다음 페이지 문제 5로 이동

6.

※ 다음 페이지 문제 6으로 이동

7.

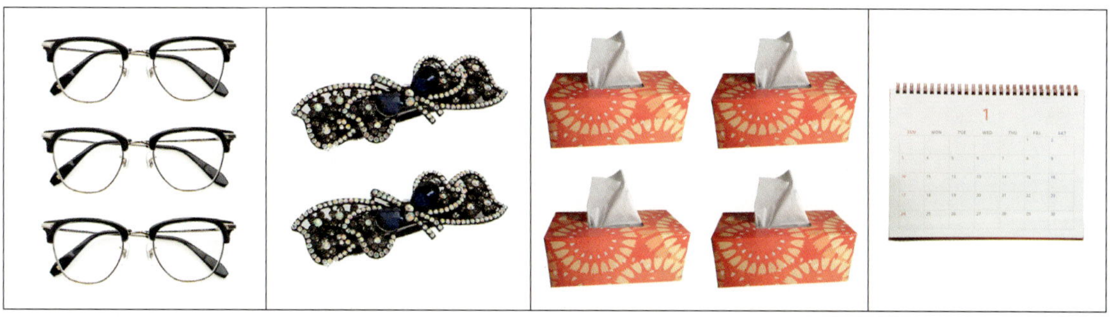

※ 다음 페이지 문제 7로 이동

››› 기억한 물건을 개수가 적은 것부터 많은 것까지 순서대로 말하거나 써 보세요.

문제 5.

________ → ________ → ________ → ________

문제 6.

________ → ________ → ________ → ________

문제 7.

________ → ________ → ________ → ________

8.

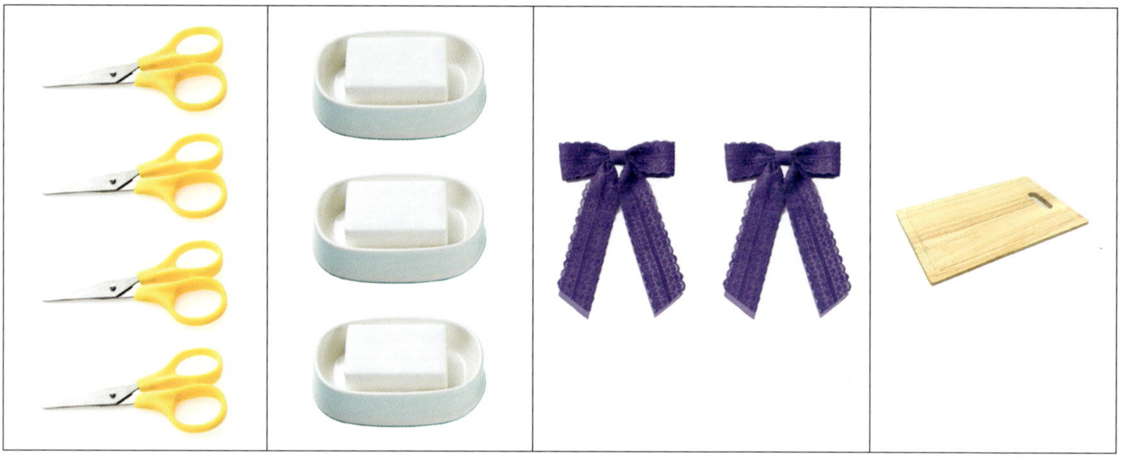

※ 다음 페이지 문제 8로 이동

9.

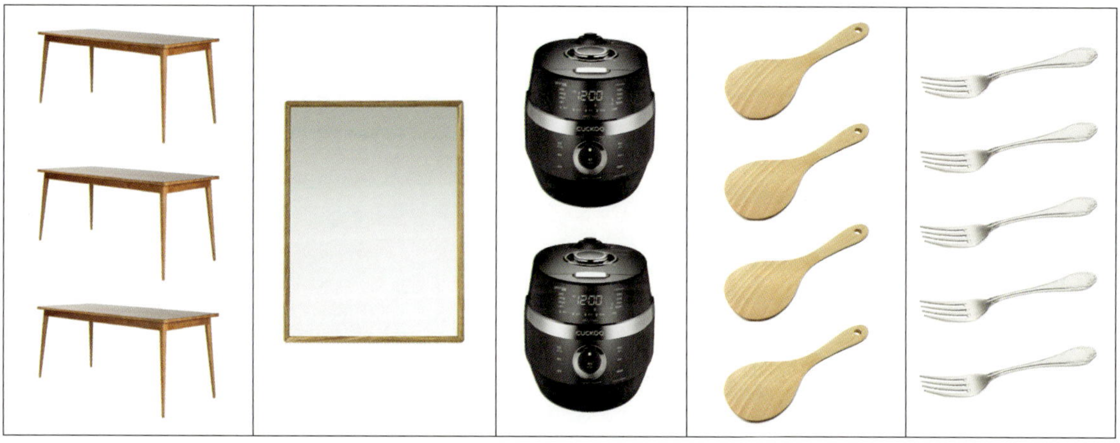

※ 다음 페이지 문제 9로 이동

10.

※ 다음 페이지 문제 10으로 이동

>>> 기억한 물건을 개수가 적은 것부터 많은 것까지 순서대로 말하거나 써 보세요.

문제 8.

_______ → _______ → _______ → _______

문제 9.

_______ → _______ → _______ → _______ → _______

문제 10.

_______ → _______ → _______ → _______ → _______

6. 작업기억: 어휘

Level 01

※ 정답은 p. 330

1) 마지막 단어 기억하기

⋙ 다음의 두 문장을 읽고 각각의 마지막 단어를 기억하세요.

1.

티끌 모아 태산

우물 안 개구리

※ 다음 페이지 문제 1로 이동

2.

개밥에 도토리

내 코가 석 자

※ 다음 페이지 문제 2로 이동

3.

꿩 대신 닭

꿩 먹고 알 먹기

※ 다음 페이지 문제 3으로 이동

4.

새 발의 피

그림의 떡

※ 다음 페이지 문제 4로 이동

››› 앞에서 기억한 마지막 단어를 말하거나 써 보세요.

문제 1.	예) 태산	개구리
문제 2.		
문제 3.		
문제 4.		

›› 다음의 두 문장을 읽고 각각의 마지막 단어를 기억하세요.

5.

눈 가리고 아웅
수박 겉핥기

※ 다음 페이지 문제 5로 이동

6.

목구멍이 포도청
구관이 명관

※ 다음 페이지 문제 6으로 이동

7.

기왕이면 다홍치마
가는 날이 장날

※ 다음 페이지 문제 7로 이동

8.

금강산도 식후경
아닌 밤중에 홍두깨

※ 다음 페이지 문제 8로 이동

9.

귀에 걸면 귀걸이
빛 좋은 개살구

※ 다음 페이지 문제 9로 이동

10.

썩어도 준치
가재는 게 편

※ 다음 페이지 문제 10으로 이동

»» 앞에서 기억한 마지막 단어를 말하거나 써 보세요.

문제 5.

문제 6.

문제 7.

문제 8.

문제 9.

문제 10.

2) 같은 음소의 단어 짝 찾기

≫ 제시된 단어들 중 같은 음소로 시작하는 단어를 잘 기억하세요.

예 시

제시 단어	→	동일한 글자로 시작하는 단어
가게, 지도, 극장	→	가게, 극장

1. 김치, 나무, 과일

2. 현금, 혼자, 코끼리

3. 방지, 부리, 일요일

4. 이름, 정신, 이빨

5. 추석, 국수, 처마

6. 카메라, 코끼리, 타조

7. 포도, 평소, 잔치

8. 겨울, 인정, 공

9. 회의, 토끼, 휴가

10. 나비, 가게, 노래

11. 봄, 세계, 세탁기

12. 친절, 초록, 반지

13. 반찬, 계단, 복습

14. 증인, 식욕, 종교

15. 도토리, 다리, 원수

16. 맥주, 모기, 단식

17. 거품, 여행, 고사리

18. 접시, 투자, 토끼

19. 만두, 김치, 갈비

20. 토마토, 수제비, 소주

※ 각 번호마다 다음 페이지 문제 1~20으로 이동

>>> 앞에서 기억한 단어를 짝지어 말하거나 써 보세요.

문제 1.

문제 2.

문제 3.

문제 4.

문제 5.

문제 6.

문제 7.

문제 8.

문제 9.

문제 10.

문제 11.

문제 12.

문제 13.

문제 14.

문제 15.

문제 16.

문제 17.

문제 18.

문제 19.

문제 20.

3) 반의어 말하기

≫ 다음의 문장을 읽고 내용을 잘 기억하세요.

1.

엄마 손이 아기 손보다 크다.
키가 작은 아이가 맨 앞에 서 있다.

※ 다음 페이지 문제 1로 이동

2.

저 빌딩이 서울에서 가장 높다.
물은 낮은 곳으로 흐른다.

※ 다음 페이지 문제 2로 이동

3.

우리는 마당이 넓은 집으로 이사를 갔다.
좁은 공간에 여럿이 모여 있었다.

※ 다음 페이지 문제 3으로 이동

4.

상자 안에 잡동사니가 많이 있다.
거리에 사람이 거의 없다.

※ 다음 페이지 문제 4로 이동

5.

자동차 경적 소리가 시끄럽다.
사방이 너무 조용해서 무섭다.

※ 다음 페이지 문제 5로 이동

6.

엄마는 머리가 길어서 미용실에 갔다.
군인들은 짧은 머리를 유지해야 한다.

※ 다음 페이지 문제 6으로 이동

›› 기억한 문장에서 반대되는 의미의 단어를 말하거나 써 보세요.

문제 1.

예) 크다, 작다

문제 2

문제 3.

문제 4.

문제 5.

문제 6.

》 다음의 문장을 읽고 내용을 잘 기억하세요.

7.

두꺼운 책을 보니 공부가 하기 싫다.
날이 선선하니 얇은 점퍼를 입고 나가라.

※ 다음 페이지 문제 7로 이동

8.

물이 깊어 바닥이 보이지 않는다.
얕은 물에서 아이들이 놀고 있다.

※ 다음 페이지 문제 8로 이동

9.

같은 색깔을 골라 보시오.
다른 모양을 찾아보시오.

※ 다음 페이지 문제 9로 이동

10.

날이 너무 더워 사람들이 꼼짝도 하지 않는다.
추운 겨울밤에 군밤 장수가 나왔다.

※ 다음 페이지 문제 10으로 이동

11.

국이 너무 뜨거워서 혀를 데었다.
차가운 얼음을 넣어 화채를 만들어 보십시오.

※ 다음 페이지 문제 11로 이동

12.

내 것이 네 것보다 많다.
적게 먹는다고 좋은 것은 아니다.

※ 다음 페이지 문제 12로 이동

13.

밝은 곳으로 나가자 눈이 부셨다.
어두운 밤에 부엉이 소리가 들렸다.

※ 다음 페이지 문제 13으로 이동

>>> 기억한 문장에서 반대되는 의미의 단어를 말하거나 써 보세요.

문제 7.

문제 8.

문제 9.

문제 10.

문제 11.

문제 12.

문제 13.

>>> 다음의 문장을 읽고 내용을 잘 기억하세요.

14.

기차가 비행기보다 빠른가요?

거북이가 토끼보다 느린가요?

※ 다음 페이지 문제 14로 이동

15.

상류의 물이 훨씬 깨끗하다고 합니다.

흙장난을 마친 아이들의 손이 더럽다.

※ 다음 페이지 문제 15로 이동

16.

날씨가 추워서 두꺼운 코트를 입고 외출했다.

얇은 책은 한 시간이면 충분히 읽지요?

※ 다음 페이지 문제 16으로 이동

17.

이 옷을 입으니 좀 뚱뚱해 보인다.

날씬해 보이는 옷으로 좀 골라 주시겠어요?

※ 다음 페이지 문제 17로 이동

18.

뾰족한 철심으로 종이를 꾹꾹 눌러 주시오.

연필 끝이 너무 뭉툭해서 깎아야 한다.

※ 다음 페이지 문제 18로 이동

19.

장을 많이 봐서 장바구니가 무겁다.

철수는 가벼운 마음으로 집을 나섰다.

※ 다음 페이지 문제 19로 이동

20.

이번 시험은 너무 쉽지 않았나요?

어려워서 한 문제도 못 풀었습니다.

※ 다음 페이지 문제 20으로 이동

»» 기억한 문장에서 반대되는 의미의 단어를 말하거나 써 보세요.

문제 **14.**

문제 **15.**

문제 **16.**

문제 **17.**

문제 **18.**

문제 **19.**

문제 **20.**

≫ 다음의 문장을 읽고 내용을 잘 기억하세요.

21.

쓰는 것이 아직 서툴러 글씨가 비뚤비뚤하다.
선생님은 능숙하게 매듭을 묶어 시범을 보였다.

※ 다음 페이지 문제 21로 이동

22.

아침을 굶었더니 배고프다.
밥을 두 공기나 먹었더니 배부르다.

※ 다음 페이지 문제 22로 이동

23.

이 액체는 오염 물질이 섞여 있어 탁하다.
맑은 물에는 고기가 살지 않는다고 합니다.

※ 다음 페이지 문제 23으로 이동

24.

시간이 갈수록 강해지는 것은 무엇입니까?
나이 들면 뼈가 약해져서 조심해야 한다.

※ 다음 페이지 문제 24로 이동

25.

오늘이 가장 젊다.
몸보다 마음이 늙었다.

※ 다음 페이지 문제 25로 이동

26.

이 아파트는 버스정류장이 아주 가깝다.
우리 집은 너희 집에서 너무 멀다.

※ 다음 페이지 문제 26으로 이동

27.

국은 알맞게 뜨거운 것이 좋다.
고기를 너무 바싹 구운 것이 싫다.

※ 다음 페이지 문제 27로 이동

⋙ 기억한 문장에서 반대되는 의미의 단어를 말하거나 써 보세요.

문제 21.

문제 22.

문제 23.

문제 24.

문제 25.

문제 26.

문제 27.

⋙ 다음의 문장을 읽고 내용을 잘 기억하세요.

28.

아직 밥 먹기에는 이르다.

점심이 너무 늦었군요.

※ 다음 페이지 문제 28로 이동

29.

봄이 되어 공기가 부드럽다.

나무의 표면이 거칠다.

※ 다음 페이지 문제 29로 이동

30.

아직 시골 생활이 낯설다.

오늘 처음 만난 사람인데 그는 낯익다.

※ 다음 페이지 문제 30으로 이동

31.

손님이 많이 와서 의자가 부족하다.

새로 만든 음식이 충분하다.

※ 다음 페이지 문제 31로 이동

32.

과연 누가 옳은지 판단해 주십시오.

아이의 행실이 그르다고 생각하면 꾸짖어 주십시오.

※ 다음 페이지 문제 32로 이동

33.

소금을 더 넣었더니 음식이 짜다.

간장을 한 숟가락만 넣었더니 국이 싱겁다.

※ 다음 페이지 문제 33으로 이동

34.

심지가 단단한 사람으로 자랐으면 좋겠습니다.

복숭아가 잘 익어서 물렁하다.

※ 다음 페이지 문제 34로 이동

»» 기억한 문장에서 반대되는 의미의 단어를 말하거나 써 보세요.

문제 28.

문제 29.

문제 30.

문제 31.

문제 32.

문제 33.

문제 34.

》 다음의 문장을 읽고 내용을 잘 기억하세요.

35. 장마철에는 빗줄기가 굵다.

머리카락이 가늘어서 잘 빠진다.

※ 다음 페이지 문제 35로 이동

36. 택시를 타면 몸이 편하다.

저는 이런 자리가 너무 불편합니다.

※ 다음 페이지 문제 36으로 이동

37. 시장의 물건이 마트보다 싸다.

대학교 등록금이 너무 비싸다.

※ 다음 페이지 문제 37로 이동

38. 새색시는 다홍치마를 입고 있었다.

날씨가 더우면 잠깐 외투를 벗고 계십시오.

※ 다음 페이지 문제 38로 이동

39. 작업은 여기서부터 시작하면 됩니다.

수업이 끝나는 시간을 알려 주세요.

※ 다음 페이지 문제 39로 이동

40. 아침 일찍 아버지는 회사에 갔다.

어머니는 집에 오는 길에 군고구마를 사 오셨다.

※ 다음 페이지 문제 40으로 이동

41. 아이들은 여덟 시간 이상 자야 합니다.

나이가 들면 아침 일찍 깬다고 합니다.

※ 다음 페이지 문제 41로 이동

>>> 기억한 문장에서 반대되는 의미의 단어를 말하거나 써 보세요.

문제 35.

문제 36.

문제 37.

문제 38.

문제 39.

문제 40.

문제 41.

»» 다음의 문장을 읽고 내용을 잘 기억하세요.

42.

해가 지면 어디로 가야 할지 알지 못한다.

내가 너를 모르냐?

※ 다음 페이지 문제 42로 이동

43.

휴일을 맞아 많은 등산객이 산에 올랐다.

빨리 차에서 내려!

※ 다음 페이지 문제 43으로 이동

44.

문을 열어 환기를 자주 시켜 주시오.

열기를 막기 위해 사람들은 창문을 닫았다.

※ 다음 페이지 문제 44로 이동

45.

언니는 수학을 매우 잘한다.

나는 암산을 전혀 못한다.

※ 다음 페이지 문제 45로 이동

46.

불이 켜진 아파트를 올려다보며 한참을 서 있었다.

아이가 촛불을 끄자 모두 박수를 쳤다.

※ 다음 페이지 문제 46으로 이동

47.

어머니는 늘 중고 시장에서 필요한 물건을 샀다.

할머니는 콩국수를 팔아 부자가 되었다고 합니다.

※ 다음 페이지 문제 47로 이동

48.

지금 좋아하는 사람이 있습니까?

그가 당신을 싫어한다고 해서 미워하지 마십시오.

※ 다음 페이지 문제 48로 이동

»» 기억한 문장에서 반대되는 의미의 단어를 말하거나 써 보세요.

문제 42.

문제 43.

문제 44.

문제 45.

문제 46.

문제 47.

문제 48.

>>> 다음의 문장을 읽고 내용을 잘 기억하세요.

49.

작은아버지는 냉장고에서 얼음을 꺼냈다.

이 상자에 과일을 넣고 포장해 주세요.

※ 다음 페이지 문제 49로 이동

50.

벽에 네가 그린 그림을 붙여 놓았어.

일어났으면 눈곱 좀 떼어라.

※ 다음 페이지 문제 50으로 이동

51.

누군가 뒤에서 밀자 앞사람이 넘어졌다.

문에는 '당기시오'라고 붙어 있었다.

※ 다음 페이지 문제 51로 이동

52.

관리 인원을 늘려야지 안 그러면 큰일나요.

잠자는 시간을 줄여서 일을 하는 것은 건강에 해롭다.

※ 다음 페이지 문제 52로 이동

53.

산수유가 피는 계절이 언제지?

낙엽이 진다고 슬퍼하지 마라.

※ 다음 페이지 문제 53으로 이동

54.

네가 맞다고 우기지 좀 마라.

수학을 잘하려면 틀린 문제는 공책에 다시 풀어요.

※ 다음 페이지 문제 54로 이동

55.

눈을 감았더니 금세 잠이 들어 버렸다.

눈을 뜨니 머리가 아프고 정신을 못 차리겠다.

※ 다음 페이지 문제 55로 이동

>>> 기억한 문장에서 반대되는 의미의 단어를 말하거나 써 보세요.

문제 **49.**

문제 **50.**

문제 **51.**

문제 **52.**

문제 **53.**

문제 **54.**

문제 **55.**

4) 음절 재배열해 단어 만들기

>>> 다음의 글자들을 기억하세요.

1.	터리털빈	2.	움부끄러
3.	번비밀호	4.	물놀사이
5.	방고식사	6.	상상조부
7.	꼭산대기	8.	라스선글
9.	활용생품	10.	외형성과
11.	주머니아	12.	스시버내
13.	고교등학	14.	시지아버
15.	위치샌드	16.	외스버시
17.	가락손질	18.	게티파스
19.	심시점간	20.	혼신부부

※ 각 번호마다 다음 페이지 문제 1~20으로 이동

>>> 앞에서 기억한 글자들을 조합하여 의미 있는 단어를 만들어 보세요.

문제 1. [ ]　　문제 2. [ ]

문제 3. [ ]　　문제 4. [ ]

문제 5. [ ]　　문제 6. [ ]

문제 7. [ ]　　문제 8. [ ]

문제 9. [ ]　　문제 10. [ ]

문제 11. [ ]　　문제 12. [ ]

문제 13. [ ]　　문제 14. [ ]

문제 15. [ ]　　문제 16. [ ]

문제 17. [ ]　　문제 18. [ ]

문제 19. [ ]　　문제 20. [ ]

»» 다음의 글자들을 기억하세요.

21.	그램프로	22.	여수학행
23.	아서운나	24.	기레쓰통
25.	후루가춧	26.	아사랫람
27.	국의원회	28.	머니아주
29.	지가뭇나	30.	춤성안맞
31.	니머어시	32.	레기르알
33.	락카머리	34.	물동려반
35.	로고속도	36.	수도지꼭
37.	랑스토레	38.	리거분수
39.	혼행여신	40.	로빅에어

※ 각 번호마다 다음 페이지 문제 21~40으로 이동

》 앞에서 기억한 글자들을 조합하여 의미 있는 단어를 만들어 보세요.

문제 21.

문제 22.

문제 23.

문제 24.

문제 25.

문제 26.

문제 27.

문제 28.

문제 29.

문제 30.

문제 31.

문제 32.

문제 33.

문제 34.

문제 35.

문제 36.

문제 37.

문제 38.

문제 39.

문제 40.

⋙ 다음의 글자들을 기억하세요.

41.	기전솥밥	42.	시연말연
43.	비봉닐지	44.	영감독화
45.	수학교대	46.	간만래오
47.	스라우블	48.	오이바토
49.	이날린어	50.	가실온스
51.	수통교단	52.	아동외들
53.	턴민드배	54.	니머할외
55.	슬곱리머	56.	나리라우
57.	대통교중	58.	트턴스인
59.	노남소녀	60.	운수선동

※ 각 번호마다 다음 페이지 문제 41~60으로 이동

››› 앞에서 기억한 글자들을 조합하여 의미 있는 단어를 만들어 보세요.

문제 41.

문제 42.

문제 43.

문제 44.

문제 45.

문제 46.

문제 47.

문제 48.

문제 49.

문제 50.

문제 51.

문제 52.

문제 53.

문제 54.

문제 55.

문제 56.

문제 57.

문제 58.

문제 59.

문제 60.

⋙ 다음의 글자들을 기억하세요.

61.	이걸걸음	62.	허전운면
63.	추꽃샘위	64.	활상생일
65.	내길리막	66.	미라그동
67.	농물수산	68.	단머리발
69.	가중대요	70.	전호번화
71.	국민한대	72.	사지역지
73.	동남서북	74.	아하루침
75.	기고지돼	76.	물동유포
77.	박뒤죽죽	78.	포차마장
79.	장인등물	80.	초교학등

※ 각 번호마다 다음 페이지 문제 61~80으로 이동

》》 앞에서 기억한 글자들을 조합하여 의미 있는 단어를 만들어 보세요.

문제 61.

문제 62.

문제 63.

문제 64.

문제 65.

문제 66.

문제 67.

문제 68.

문제 69.

문제 70.

문제 71.

문제 72.

문제 73.

문제 74.

문제 75.

문제 76.

문제 77.

문제 78.

문제 79.

문제 80.

»» 다음의 글자들을 기억하세요.

81.	쓰어띄기	82.	니어머친
83.	가마음짐	84.	테스장니
85.	가막무내	86.	큰니어머
87.	린올이바	88.	장수욕해
89.	배행여낭	90.	아할버지
91.	백해년로	92.	머니호주
93.	화전중공	94.	스디오튜

※ 각 번호마다 다음 페이지 문제 81~94로 이동

»» 앞에서 기억한 글자들을 조합하여 의미 있는 단어를 만들어 보세요.

문제 81.	문제 82.
문제 83.	문제 84.
문제 85.	문제 86.
문제 87.	문제 88.
문제 89.	문제 90.
문제 91.	문제 92.
문제 93.	문제 94.

7. 작업기억: 어휘

Level 02

※ 정답은 p. 333

1) 마지막 단어 기억하기

>>> 다음의 세 문장을 읽고 마지막 단어를 기억하세요.

1.

가는 말이 고와야 오는 말이 곱다.

발 없는 말이 천 리 간다.

부뚜막의 소금도 넣어야 짜다.

※ 다음 페이지 문제 1로 이동

2.

빈 수레가 요란하다.

도둑이 제 발 저린다.

아니 땐 굴뚝에 연기 나랴.

※ 다음 페이지 문제 2로 이동

3.

공든 탑이 무너지랴.

하늘은 스스로 돕는 자를 돕는다.

호랑이도 제 말 하면 온다.

※ 다음 페이지 문제 3으로 이동

»» 앞에서 기억한 단어를 말하거나 써 보세요.

문제 1.

문제 2.

문제 3.

≫ 다음의 세 문장을 읽고 마지막 단어를 기억하세요.

4.

가는 말이 고와야 오는 말이 곱다.

하룻강아지 범 무서운 줄 모른다.

서당개 삼 년이면 풍월을 읊는다.

※ 다음 페이지 문제 4로 이동

5.

하나를 보면 열을 안다.

사공이 많으면 배가 산으로 간다.

소 잃고 외양간 고친다.

※ 다음 페이지 문제 5로 이동

6.

원숭이도 나무에서 떨어진다.

첫술에 배부르랴.

비 온 뒤에 땅이 굳는다.

※ 다음 페이지 문제 6으로 이동

7.

돌다리도 두들겨 보고 건너라.

백지장도 맞들면 낫다.

달면 삼키고 쓰면 뱉는다.

※ 다음 페이지 문제 7로 이동

››› 앞에서 기억한 단어를 말하거나 써 보세요.

문제 4.

문제 5.

문제 6.

문제 7.

>>> 다음의 세 문장을 읽고 마지막 단어를 기억하세요.

8.

낮말은 새가 듣고 밤말은 쥐가 듣는다.
한 귀로 듣고 한 귀로 흘린다.
낫 놓고 기역 자도 모른다.

※ 다음 페이지 문제 8로 이동

9.

뛰는 놈 위에 나는 놈 있다.
개천에서 용 난다.
간에 기별도 안 간다.

※ 다음 페이지 문제 9로 이동

10.

공자 앞에서 문자 쓴다.
작은 고추가 맵다.
윗물이 맑아야 아랫물이 맑다.

※ 다음 페이지 문제 10으로 이동

››› 앞에서 기억한 단어를 말하거나 써 보세요.

문제 **8.**

문제 **9.**

문제 **10.**

2) 같은 음소의 단어 짝 찾기

>>> 제시된 단어들 중 같은 음소로 시작하는 단어를 잘 기억하세요.

예 시

제시 단어		같은 음소 단어 짝
나라, 담요, 누나, 대학	→	**나**라-**누**나, **담**요-**대**학

1. 단추, 돈, 문제, 반성
2. 컵, 가을, 공짜, 문화
3. 프랑스, 태풍, 편지, 미국
4. 가난, 정보, 고집, 수학
5. 반지, 세차, 장수, 분수
6. 카메라, 코, 잔치, 명령
7. 미래, 동시, 모래, 쪽지
8. 솜씨, 풀, 측정, 수고
9. 한계, 북극, 호감, 남극
10. 단속, 재미, 다방, 간섭
11. 라면, 다리, 도로, 라디오
12. 한식집, 종이, 허리, 장미
13. 부산, 동물, 대지, 비행기
14. 아침, 도마뱀, 두피, 오리
15. 난초, 순간, 노력, 성과
16. 저장, 중계, 혼란, 헌신
17. 속도, 지하철, 중국, 사슴
18. 일요일, 마을, 모순, 은행
19. 너구리, 비밀, 배신, 늑대
20. 은혜, 성실, 순수, 이정표

※ 각 번호마다 다음 페이지 문제 1~20으로 이동

>>> 앞에서 기억한 단어를 짝지어 말하거나 써 보세요.

문제 1.		문제 2.	
문제 3.		문제 4.	
문제 5.		문제 6.	
문제 7.		문제 8.	
문제 9.		문제 10.	
문제 11.		문제 12.	
문제 13.		문제 14.	
문제 15.		문제 16.	
문제 17.		문제 18.	
문제 19.		문제 20.	

»» 제시된 단어들 중 같은 음소로 시작하는 단어를 잘 기억하세요.

21. 경찰, 속력, 고구마, 고충, 도주

22. 합격, 호랑이, 책, 훈련, 종이

23. 파리, 평생, 사고, 포식, 정리

24. 문학, 안전, 명령, 독사, 민족

25. 루비, 리본, 판사, 점심, 라일락

26. 해설, 정답, 형, 무지개, 한숨

27. 섬, 지구, 전부, 만족, 준비

28. 청소, 무례, 모임, 미용사, 정의

29. 수선, 눈사람, 소년, 시청, 정원

30. 영화, 밤, 이슬, 벌레, 불씨

31. 출발, 서점, 칫솔, 마트, 생일

32. 피자, 미용실, 물건, 선물, 설거지

33. 한옥, 축구, 행복, 뉴스, 남대문

34. 카드, 콩, 토마토, 나무, 노화

35. 탁구, 학교, 교실, 태풍, 혀

36. 민요, 의사, 만화가, 은인, 창

37. 동생, 트럭, 독서, 다정, 터널

38. 면담, 꽃, 꿈결, 눈물, 꿩

39. 현실, 새벽, 훈계, 시장, 함

40. 상수리, 담, 손수건, 동무, 친구

※ 각 번호마다 다음 페이지 문제 21~40으로 이동

⋙ 앞에서 기억한 단어를 짝지어 말하거나 써 보세요.

문제 21.

문제 22.

문제 23.

문제 24.

문제 25.

문제 26.

문제 27.

문제 28.

문제 29.

문제 30.

문제 31.

문제 32.

문제 33.

문제 34.

문제 35.

문제 36.

문제 37.

문제 38.

문제 39.

문제 40.

3) 반의어 말하기

»» 다음의 문장을 읽고 내용을 잘 기억하세요.

1.

헬멧을 쓰지 않고 자전거를 타는 것은 위험하다.

경찰관들은 안전한 귀갓길이 될 수 있도록 애쓰고 있다.

※ 다음 페이지 문제 1로 이동

2.

이 집은 평양냉면으로 유명하다.

무명 가수가 텔레비전에 나와서 노래하고 있다.

※ 다음 페이지 문제 2로 이동

3.

아침 출근길 지하철역은 사람들로 항상 붐빈다.

직장인들은 퇴근 후에 삼삼오오 무리를 지어 술집으로 향했다.

※ 다음 페이지 문제 3으로 이동

4.

어젯밤 아이가 갑자기 입원하게 되었다.

할머니는 이번 주 토요일에 퇴원할 예정이다.

※ 다음 페이지 문제 4로 이동

5.

이번 시험에서 우리 형이 일등을 했다.

달리기 시합에서 꼴찌를 한 민지는 울고 말았다.

※ 다음 페이지 문제 5로 이동

6.

본인은 진실만을 말할 것을 맹세합니다.

거짓을 일삼는 자는 언젠가는 망하게 된다.

※ 다음 페이지 문제 6으로 이동

»» 기억한 문장에서 반대되는 의미의 단어를 말하거나 써 보세요.

문제 1.

문제 2.

문제 3.

문제 4.

문제 5.

문제 6.

⋙ 다음의 문장을 읽고 내용을 잘 기억하세요.

7. 오늘부터 전국이 태풍의 간접 영향권에 들겠습니다.

당신이 직접 만나서 사과하는 것이 좋겠습니다.

※ 다음 페이지 문제 7로 이동

8. 고추를 빻아 가루로 만들었다.

금 한 덩어리를 가장 먼저 발견하는 사람은 행운아이다.

※ 다음 페이지 문제 8로 이동

9. 우리는 가끔 만나서 저녁을 먹곤 했다.

자주 보지 않더라도 마음은 항상 어머니를 생각하고 있다.

※ 다음 페이지 문제 9로 이동

10. 돈을 물 쓰듯이 낭비하는 사람이 저라는 말씀인가요?

절약한다고 다 부자가 되는 것은 아닌 것 같습니다.

※ 다음 페이지 문제 10으로 이동

11. 기상 악화 때문에 비행기가 이륙하지 못하고 있습니다.

착륙할 수가 없으니 회항해야 합니다.

※ 다음 페이지 문제 11로 이동

12. 사과와 딸기의 공통점은 무엇인가요?

이전 보고서와 차이점을 발견할 수 없습니까?

※ 다음 페이지 문제 12로 이동

13. 아들이 입학한다고 했을 때 어머니가 얼마나 기뻐하시던지요.

어느새 졸업이 코앞으로 다가왔다.

※ 다음 페이지 문제 13으로 이동

»» 기억한 문장에서 반대되는 의미의 단어를 말하거나 써 보세요.

문제 **7.**

문제 **8.**

문제 **9.**

문제 **10.**

문제 **11.**

문제 **12.**

문제 **13.**

≫ 다음의 문장을 읽고 내용을 잘 기억하세요.

14.

우리의 만남은 여기까지이다.

이별을 너무 아쉬워하지 마세요.

※ 다음 페이지 문제 14로 이동

15.

네가 기차역까지 할머니를 배웅해 드려야지.

마중하러 나올 사람이 없다면 택시를 타는 게 좋겠습니다.

※ 다음 페이지 문제 15로 이동

16.

이렇게 오래 서 있는 게 가능할까요?

불가능한 것에 너무 집착하면 건강에 해롭습니다.

※ 다음 페이지 문제 16으로 이동

17.

주머니 안에는 온갖 잡동사니가 들어 있습니다.

밖으로 뛰쳐나가는 아이를 제가 무슨 수로 잡는단 말입니까?

※ 다음 페이지 문제 17로 이동

18.

선반 위에 먹을 것이 좀 남아 있나요?

계곡 아래에서 사람들이 발을 담그고 있다.

※ 다음 페이지 문제 18로 이동

19.

관심을 끌고 싶어 하는 사람에게 눈길을 주지 마세요.

그는 손님을 시종일관 무관심으로 응대했다.

※ 다음 페이지 문제 19로 이동

20.

마감 날짜가 다가오자 그는 잠적해 버렸다.

공격 개시를 알리는 포성이 울렸다.

※ 다음 페이지 문제 20으로 이동

>>> 기억한 문장에서 반대되는 의미의 단어를 말하거나 써 보세요.

문제 **14.**

문제 **15.**

문제 **16.**

문제 **17.**

문제 **18.**

문제 **19.**

문제 **20.**

》 다음의 문장을 읽고 내용을 잘 기억하세요.

21.

지구 온난화로 인해 기온 상승이 세계 곳곳에서 확인되고 있다.

경기가 하강 국면으로 접어들자 기업들은 투자를 기피하고 있다.

※ 다음 페이지 문제 21로 이동

22.

슈퍼마켓은 비닐봉지의 판매 및 사용을 금지했다.

자유 민주주의 국가에서는 사유 재산을 허용하고 있다.

※ 다음 페이지 문제 22로 이동

23.

서울의 인구는 해방 이후 폭발적으로 증가했다.

어제 코스피 지수 하락으로 주식 거래량이 감소했다.

※ 다음 페이지 문제 23으로 이동

24.

단순한 사고로 처리하기에는 미심쩍은 부분이 있습니다.

더 이상 일을 복잡하게 만들고 싶지 않습니다.

※ 다음 페이지 문제 24로 이동

25.

이제 겸손이 미덕인 시대는 지났습니다.

당신의 그 교만한 성격 때문에 이 사달이 난 거 아니요.

※ 다음 페이지 문제 25로 이동

26.

경기 악화로 수입이 전면 중단될 위기에 처했습니다.

환율 상승이 수출 기업에는 호재로 작용할 것입니다.

※ 다음 페이지 문제 26으로 이동

27.

학생 여러분은 회원 가입을 서둘러 주십시오.

조합에서 탈퇴하는 게 너무 어렵습니다.

※ 다음 페이지 문제 27로 이동

≫ 기억한 문장에서 반대되는 의미의 단어를 말하거나 써 보세요.

문제 21.

문제 22.

문제 23.

문제 24.

문제 25.

문제 26.

문제 27.

»» 다음의 문장을 읽고 내용을 잘 기억하세요.

28.

이번 투자는 확실하게 수익을 보장해 드립니다.

불확실한 미래로 인해 청년들이 해외로 떠나고 있다.

※ 다음 페이지 문제 28로 이동

29.

불을 땐 지 오래되어 집안에 냉기가 가득했다.

이불에 온기가 남아 있는지 한번 만져 보세요.

※ 다음 페이지 문제 29로 이동

30.

모든 인간은 법 앞에 평등하다고 믿는 사람이 있습니까?

여러분은 남녀 차별이 없어졌다고 생각하십니까?

※ 다음 페이지 문제 30으로 이동

31.

현실은 그렇게 녹록하지 않습니다.

이상만 쫓다가 언젠가는 좌절하게 될 것입니다.

※ 다음 페이지 문제 31로 이동

32.

너는 선의를 갖고 행한 일이었지만 인정받지 못했다.

악의 없는 장난이라고 하지만 사람이 다쳤지 않니?

※ 다음 페이지 문제 32로 이동

33.

마음이 이렇게 불안정한 상태로 운전하면 큰일 난다.

환자분은 잠시 안정을 취한 후에 귀가하십시오.

※ 다음 페이지 문제 33으로 이동

34.

당신의 강점은 무엇이라고 생각합니까?

나는 너의 약점이 되고 싶지는 않구나.

※ 다음 페이지 문제 34로 이동

»› 기억한 문장에서 반대되는 의미의 단어를 말하거나 써 보세요.

문제 28.

문제 29.

문제 30.

문제 31.

문제 32.

문제 33.

문제 34.

4) 음절 재배열해 단어 만들기

»» 다음의 글자들을 기억하세요.

1.	부우유단	2.	시착오행
3.	동몽이상	4.	의사가불
5.	각누사상	6.	지불쾌수
7.	제혼상관	8.	과응인보
9.	조이석일	10.	조상시기
11.	전복위화	12.	심숙사고
13.	우순죽후	14.	구십팔중
15.	사생구일	16.	평양성등
17.	향금환의	18.	지지역사
19.	득양거일	20.	상하막막

※ 각 번호마다 다음 페이지 문제 1~20으로 이동

》》 앞에서 기억한 글자들을 조합하여 의미 있는 단어를 만들어 보세요.

문제 1.	문제 2.
문제 3.	문제 4.
문제 5.	문제 6.
문제 7.	문제 8.
문제 9.	문제 10.
문제 11.	문제 12.
문제 13.	문제 14.
문제 15.	문제 16.
문제 17.	문제 18.
문제 19.	문제 20.

>>> 다음의 글자들을 기억하세요.

21.	료간야진	22.	불지식부
23.	사가면초	24.	옹마지새
25.	산인해인	26.	유유장서
27.	이지페홈	28.	자재연해
29.	다드운로	30.	천연분생
31.	감설이언	32.	유무비환
33.	지세격감	34.	위서질계
35.	진감래고	36.	언어유비
37.	심삼작일	38.	일이유무
39.	중공위생	40.	통사소의

※ 각 번호마다 다음 페이지 문제 21~40으로 이동

》》 앞에서 기억한 글자들을 조합하여 의미 있는 단어를 만들어 보세요.

문제 21.	문제 22.
문제 23.	문제 24.
문제 25.	문제 26.
문제 27.	문제 28.
문제 29.	문제 30.
문제 31.	문제 32.
문제 33.	문제 34.
문제 35.	문제 36.
문제 37.	문제 38.
문제 39.	문제 40.

≫ 다음의 글자들을 기억하세요.

41.	가소평과	42.	심심이전
43.	손자자손	44.	위성공인
45.	각사직형	46.	찬수성진
47.	국결혼제	48.	방분유자
49.	옥지엽금	50.	품용일회
51.	세성대기	52.	급족자자
53.	동상병련	54.	성수자가
55.	주주민의	56.	렉스플콤
57.	치일장만	58.	음산탄료
59.	접시면험	60.	화핵가족

※ 각 번호마다 다음 페이지 문제 41~60으로 이동

»» 앞에서 기억한 글자들을 조합하여 의미 있는 단어를 만들어 보세요.

문제 41.

문제 42.

문제 43.

문제 44.

문제 45.

문제 46.

문제 47.

문제 48.

문제 49.

문제 50.

문제 51.

문제 52.

문제 53.

문제 54.

문제 55.

문제 56.

문제 57.

문제 58.

문제 59.

문제 60.

⋙ 다음의 글자들을 기억하세요.

61.	무무진궁	62.	란만장파
63.	무물지용	64.	각정형사
65.	화산유문	66.	사식회주
67.	체간민단	68.	기중업소
69.	팔인방미	70.	계일군학

※ 각 번호마다 다음 페이지 문제 61~70으로 이동

››› 앞에서 기억한 글자들을 조합하여 의미 있는 단어를 만들어 보세요.

문제 61.	문제 62.
문제 63.	문제 64.
문제 65.	문제 66.
문제 67.	문제 68.
문제 69.	문제 70.

정답지

1. 작업기억: 위치

Level 01

1) 어디 있을까

1. 〈예시〉

강아지	
표범	거북이

2. 〈예시〉

사과	바나나
딸기	

3. 〈예시〉

	양파
당근	
	상추

4. 〈예시〉

	피자
김치찌개	
비빔밥	

5. 〈예시〉

국화	
	민들레
	장미

6. 〈예시〉

조기	갈치
고등어	

7. 〈예시〉

	잠바
바지	
	셔츠

8. 〈예시〉

중국	미국
일본	

9. 〈예시〉

부산	서울
	수원

10. 〈예시〉

	백두산
	한라산
남산	

2) 어디에 두었을까

1.

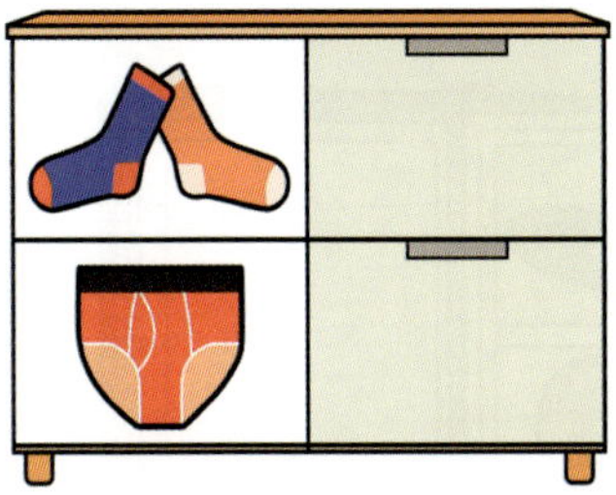

2.

3.

4.

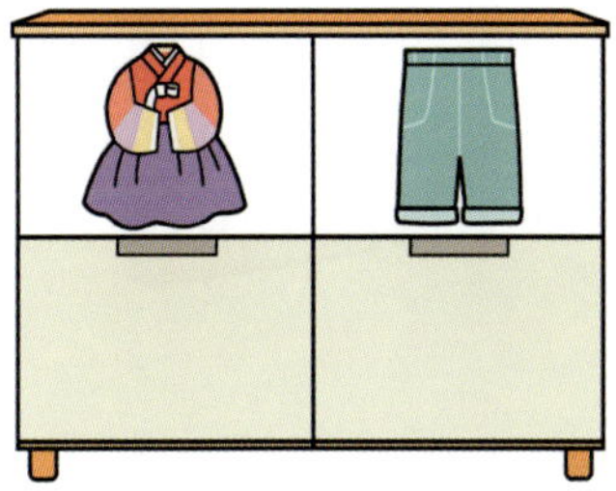

5.

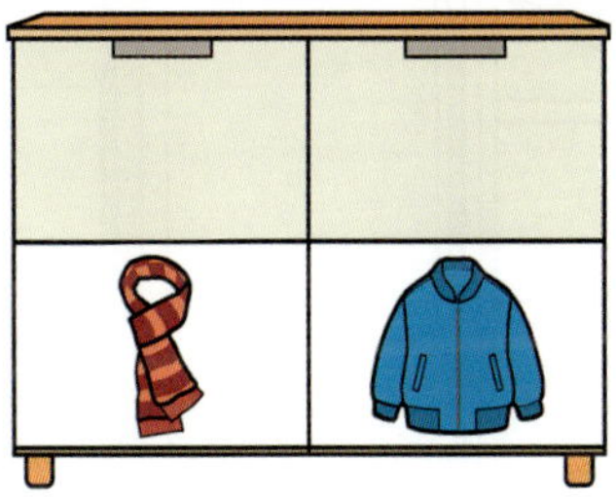

6.

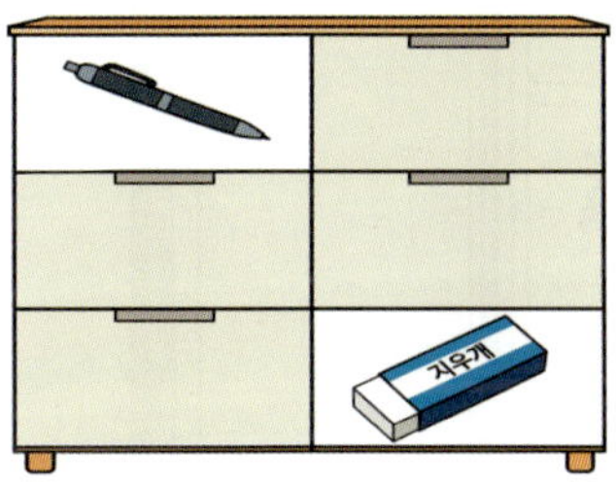

7.

8.

9.

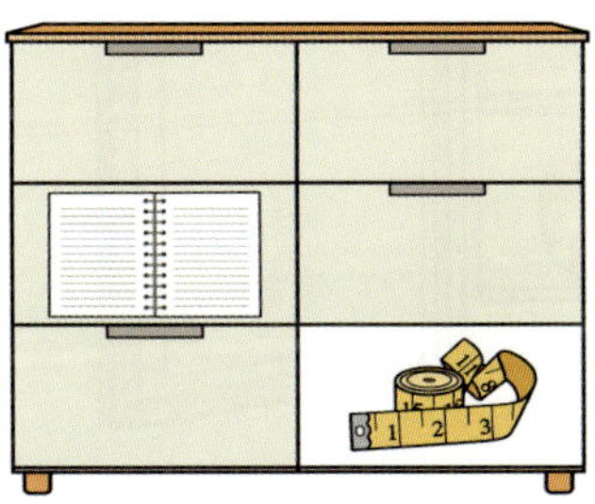

10.

3) 냉장고 뒤지기

1.

2.

3.

4.

5.

6.

7.

8.

9.

10.

4) 달력에 동그라미

1.

1
January

일	월	화	수	목	금	토
					1 신정	2
3	4	5	6	**7**	8	9
10	11	12	13	14	15	16
17	18	19	20	21	22	23
24	25	26	27	28	29	30
31						

2.

1
January

일	월	화	수	목	금	토
					1 신정	2
3	4	5	6	7	8	9
10	11	12	13	14	15	16
17	**18**	19	20	21	22	23
24	25	26	27	28	29	30
31						

3.

1
January

일	월	화	수	목	금	토
					1 신정	2
3	4	5	6	7	8	9
10	11	12	13	14	15	16
17	18	19	20	21	22	23
24	25	26	27	28	29	30
31						

4.

1
January

일	월	화	수	목	금	토
					1 신정	2
3	4	5	6	7	8	9
10	11	12	**13**	14	15	16
17	18	19	20	21	22	23
24	25	26	27	28	29	30
31						

5.

1
January

일	월	화	수	목	금	토
					1 신정	2
3	4	5	6	7	8	9
10	11	12	13	14	15	**16**
17	18	19	20	21	22	23
24	25	26	27	28	29	30
31						

6.

1
January

일	월	화	수	목	금	토
					1 신정	2
3	4	5	6	7	8	9
10	11	12	13	14	15	16
17	18	19	20	21	22	23
24	25	**26**	27	28	29	30
31						

7.

1
January

일	월	화	수	목	금	토
					1 신정	2
3	4	5	6	7	8	9
10	11	12	13	14	15	16
17	18	19	20	21	22	23
24	25	26	27	28	29	30
31						

8.

1
January

일	월	화	수	목	금	토
					1 신정	2
3	4	5	6	7	8	9
10	11	12	13	14	15	16
17	18	19	20	21	22	23
24	25	26	27	28	29	30
31						

9.

1
January 2021

일	월	화	수	목	금	토
					1 신정	2
3	4	5	6	7	8	9
10	11	12	13	14	15	16
17	18	19	20	21	22	23
24	25	26	27	28	29	30
31						

10.

1
January

일	월	화	수	목	금	토
					1 신정	2
3	4	5	6	7	8	9
10	11	12	13	14	15	16
17	18	19	20	21	22	23
24	25	26	27	28	29	30
31						

5) 패턴 기억하기

- 번호대로 누르기

- 문제 1. ③
  문제 2. ②
  문제 3. ①
  문제 4. ②
  문제 5. ④
  문제 6. ④
  문제 7. ②
  문제 8. ②
  문제 9. ①
  문제 10. ④

Level 02

2. 작업기억: 위치

1) 어디 있을까

1. 〈예시〉

호랑이	고양이
	강아지
	거북이
사슴	

2. 〈예시〉

사과	
바나나	귤
	망고
	딸기

3. 〈예시〉

상추	
양배추	
	깻잎
	오이
당근	

4. 〈예시〉

불고기	비빔밥
	피자
	햄버거
생선구이	

5. 〈예시〉

장미	카네이션
코스모스	
	개나리
	진달래

6. 〈예시〉

	장어
고등어	
갈치	조기
	연어

7. 〈예시〉

바지	
	티셔츠
	치마
원피스	
	셔츠

8. 〈예시〉

일본	중국
	미국
이탈리아	
스위스	

9. 〈예시〉

서울	강릉
인천	
부산	
	대전

10. 〈예시〉

백두산	
설악산	
	지리산
	한라산
금강산	

2) 어디에 두었을까

1.

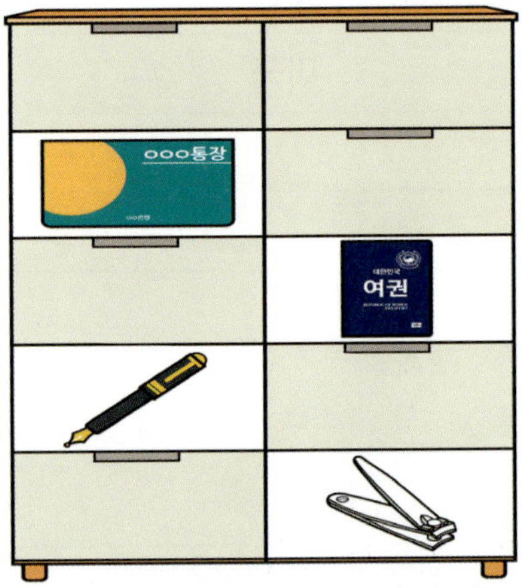

2.

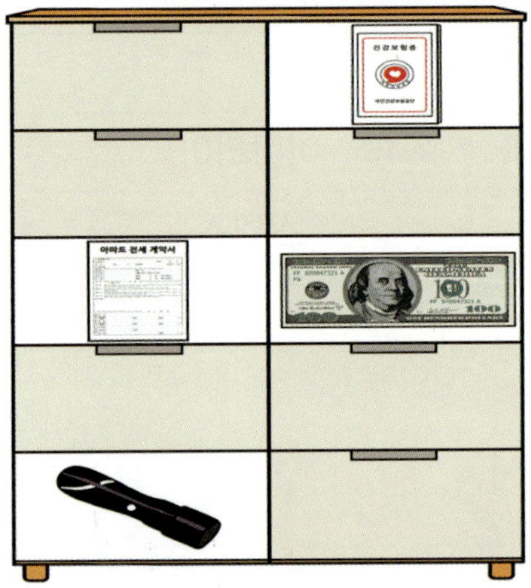

3.

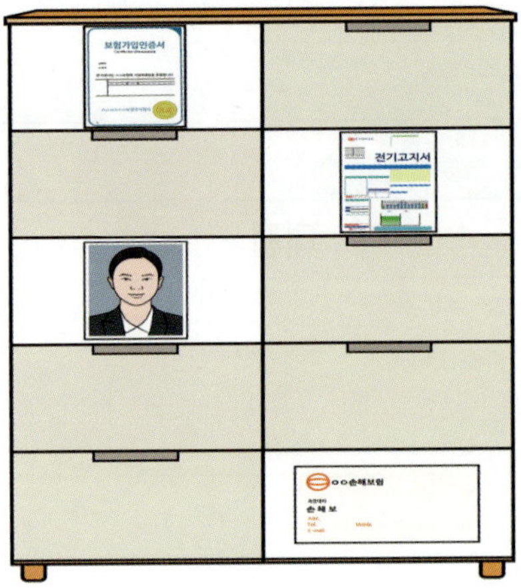

4.

5.

6.

7.

8.

9.

10.

3) 냉장고 뒤지기

1.

2.

3.

4.

5.

6.

7.

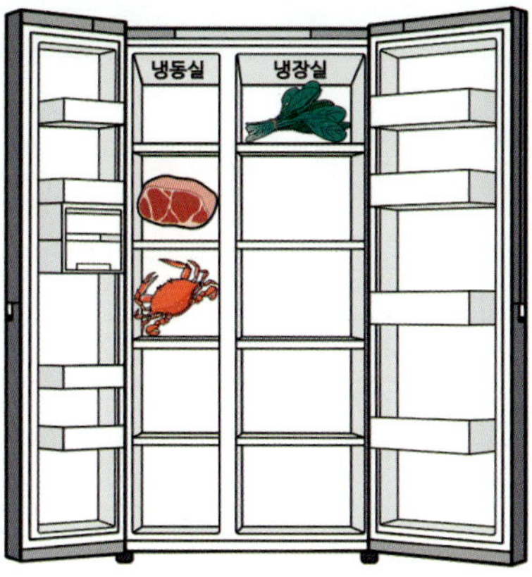

8.

9.

10.

4) 달력에 동그라미

1.

1
January

일	월	화	수	목	금	토
					1 신정	2
3	4	5	6	7	8	9
10	11	12	13	14	15	16
17	18	19	20	21	22	23
24	25	26	27	28	29	30
31						

2.

1
January

일	월	화	수	목	금	토
					1 신정	2
3	4	5	6	7	8	9
10	11	12	13	14	15	16
17	18	19	20	21	22	23
24	25	26	27	28	29	30
31						

3.

1
January

일	월	화	수	목	금	토
					1 신정	2
3	4	5	6	7	8	9
10	11	12	13	14	15	16
17	18	19	20	21	22	23
24	25	26	27	28	29	30
31						

4.

1
January

일	월	화	수	목	금	토
					1 신정	2
3	4	5	6	7	8	9
10	11	12	13	14	15	16
17	18	19	20	21	22	23
24	25	26	27	28	29	30
31						

5.

1
January

일	월	화	수	목	금	토
					1 신정	2
3	4	5	6	7	8	9
10	11	12	13	14	15	16
17	18	19	20	21	22	23
24	25	26	27	28	29	30
31						

6.

1
January

일	월	화	수	목	금	토
					1 신정	2
3	4	5	6	7	8	9
10	11	12	13	14	15	16
17	18	19	20	21	22	23
24	25	26	27	28	29	30
31						

7.

1
January

일	월	화	수	목	금	토
					1 신정	2
3	4	5	⑥	7	8	9
10	11	12	⑬	14	15	16
17	18	19	20	21	22	23
24	25	26	27	28	29	30
31						

8.

1
January

일	월	화	수	목	금	토
					1 신정	2
3	4	5	6	7	8	9
⑩	11	12	13	14	15	16
17	18	19	20	21	22	23
㉔	25	26	27	28	29	30
31						

9.

1
January

일	월	화	수	목	금	토
					1 신정	2
3	4	5	6	⑦	8	9
10	11	12	13	14	15	16
17	18	19	20	21	22	23
24	25	26	27	㉘	29	30
31						

10.

1
January

일	월	화	수	목	금	토
					1 신정	2
3	4	5	⑥	7	8	9
10	11	12	⑬	14	15	16
17	18	19	⑳	21	22	23
24	25	26	㉗	28	29	30
31						

5) 패턴 기억하기

- 패턴 1. 1-8-3, 4-0-6, 1-5-3, 4-8-6, 7-0-9 중 하나
  패턴 2. 7-4-1-5-9-6-3, 1-4-7-5-9-6-3, 1-4-7-3-6-9-1-5-9, 5-8-6-9-5-9 등
  패턴 3. 7-4-1-5-3-6-9, 1-4-7-3-6-9-1-5-3-5, 1-4-7-3-6-9-1-5-3 중 하나
  패턴 4. 1-4-7-(4)-5-6-3-6-9, 1-4-7-5-6-3-6-9, 1-4-7-3-6-9-4-5-6 중 하나
  패턴 5. 1-4-7-8-9, 2-5-8-9, 2-5-6 등
  패턴 6. 1-5-9-3-5-7, 2-6-3-5 등
  패턴 7. 1-4-7-3-5-9, 1-4-7-2-4-8, 2-5-8-3-5-9 중 하나
  패턴 8. 1-2-3-4-7-5-6, 1-4-7-2-3-5-6, 5-8-0-5-6-8-9 등
  패턴 9. 1-2-3-4-7-8-9-5-6, 1-4-7-2-3-5-6-8-9, 1-4-7-8-9-2-3-5-6, 2-5-8-9-2-3-5-6 등
  패턴 10. 1-2-3-5-8, 4-5-6-8-0 중 하나

- 문제 1. ③
  문제 2. ①
  문제 3. ③
  문제 4. ②
  문제 5. ①
  문제 6. ④
  문제 7. ③
  문제 8. ③
  문제 9. ②
  문제 10. ①

Level 01

3. 작업기억: 순서

1) 옳은 순서대로 말하기

1. 냉장고 자동차 화장실
2. 삼겹살 삼계탕 청국장
3. 세탁기 운동화 주차장
4. 선풍기 리모컨 노트북
5. 도마뱀 조랑말 원피스
6. 테이프 정수기 에어컨
7. 색연필 종합장 자명종
8. 부엉이 오징어 소방차
9. 종달새 산토끼 마무리
10. 메아리 정류장 코끼리
11. 얼룩말 견인차 사랑니
12. 엉덩이 요리사 도깨비
13. 갑상선 한의원 주근깨
14. 컴퓨터 자화상 사춘기
15. 해병대 조종사 장갑차

2) 거꾸로 말하기

1. 농롱도 지아망 쥐람다
2. 말룩얼 지아송 이북거
3. 감난장 기행비 철하지
4. 리아종 아숭복 리나개
5. 기화전 화내실 방가책
6. 지전건 니구바 크이케
7. 책화동 관술미 관서도
8. 방래노 막두오 가닷바
9. 인시원 관진사 원물동
10. 책화만 기보돈 위사주
11. 사호변 원행은 원화미
12. 망충방 탕자감 심등꽃
13. 어등고 유수산 잎행은
14. 리소목 트저디 권차승
15. 사호간 사리변 원경안
16. 래달진 리추원 산동부

3) 순서대로 말하기

1.

집 - 생각
세상 - 가운데
눈 - 정보
시간 - 아무것

2.

안 - 도움
기준 - 쓰레기
끝 - 사고
모두 - 드라마

3.

밤 - 언니
경제 - 일요일
방 - 처음
태도 - 어린이

4.

군 - 신문
무용 - 아파트
맛 - 선생
경찰 - 토요일

5.

공 - 시험
순간 - 오징어
딸 - 아래
소식 - 역사가

6.

말 - 여성 - 지방
사회 - 대회 - 어머니
앞 - 담배 - 경기
국가 - 바다 - 아버지

7.

돈 - 시대 - 친구
모임 - 커피 - 외국인
날 - 교육 - 자기
지역 - 편지 - 아저씨

8.

옆 - 동시 - 공부
서양 - 비밀 - 젊은이
꿈 - 환자 - 시절
내용 - 기억 - 부동산

9.

층 - 광고 - 소설
이제 - 선수 - 문제점
양 - 뉴스 - 고향
아빠 - 속도 - 지난달

10.

문 - 소년 - 그날
전체 - 나이 - 에너지
짓 - 반대 - 일반
미술 - 오늘 - 고양이

11.

곳 - 아침 - 사람 - 표현
가정 - 대신 - 마을 - 일주일
몸 - 관심 - 소리 - 정도
이번 - 계획 - 노래 - 자동차

12.

물 - 조사 - 이상 - 결국
판매 - 의미 - 사용 - 대표적
입 - 전쟁 - 세계 - 관련
새벽 - 바닥 - 현대 - 예술가

13.

밤 - 기본 - 성격 - 지금
대화 - 며칠 - 자료 - 상대방
옷 - 방송 - 책임 - 냄새
보호 - 연구 - 나라 - 그림자

14.

왕 - 전통 - 부부 - 관리
기회 - 시장 - 외국 - 전문가
값 - 시민 - 표정 - 어른
뿌리 - 기술 - 차례 - 오래전

15.

산 - 주변 - 아내 - 평소
크기 - 옛날 - 주위 - 머릿속
급 - 식사 - 재료 - 말씀
시설 - 그림 - 자연 - 마음속

4) 단어 쌍 거꾸로 말하기

1.

생각 - 집
가운데 - 세상
정보 - 눈
아무것 - 시간

2.

도움 - 안
쓰레기 - 기준
사고 - 끝
드라마 - 모두

3.

언니 - 밤
일요일 - 경제
처음 - 방
어린이 - 태도

4.

신문 - 군
아파트 - 무용
선생 - 맛
토요일 - 경찰

5.

시험 - 공
오징어 - 순간
아래 - 딸
역사가 - 소식

6.

지방 - 여성 - 말
어머니 - 대회 - 사회
경기 - 담배 - 앞
아버지 - 바다 - 국가

7.

친구 - 시대 - 돈
외국인 - 커피 - 모임
자기 - 교육 - 날
아저씨 - 편지 - 지역

8.

공부 - 동시 - 옆
젊은이 - 비밀 - 서양
시절 - 환자 - 꿈
부동산 - 기억 - 내용

9.

소설 - 광고 - 층
문제점 - 선수 - 이제
고향 - 뉴스 - 양
지난달 - 속도 - 아빠

10.

그날 - 소년 - 문
에너지 - 나이 - 전체
일반 - 반대 - 짓
고양이 - 오늘 - 미술

11.

표현 - 사람 - 아침 - 곳
일주일 - 마을 - 대신 - 가정
정도 - 소리 - 관심 - 몸
자동차 - 노래 - 계획 - 이번

12.

결국 - 이상 - 조사 - 물
대표적 - 사용 - 의미 - 판매
관련 - 세계 - 전쟁 - 입
예술가 - 현대 - 바닥 - 새벽

13.

지금 - 성격 - 기본 - 밤
상대방 - 자료 - 며칠 - 대화
냄새 - 책임 - 방송 - 옷
그림자 - 나라 - 연구 - 보호

14.

관리 - 부부 - 전통 - 왕
전문가 - 외국 - 시장 - 기회
어른 - 표정 - 시민 - 값
오래전 - 차례 - 기술 - 뿌리

15.

평소 - 아내 - 주변 - 산
머릿속 - 주위 - 옛날 - 크기
말씀 - 재료 - 식사 - 급
마음속 - 자연 - 그림 - 시설

5) ㄱㄴ 순으로 말하기

1.

생각 - 집
가운데 - 세상
눈 - 정보
시간 - 아무것

2.

도움 - 안
기준 - 쓰레기
끝 - 사고
드라마 - 모두

3.

밤 - 언니
경제 - 일요일
방 - 처음
어린이 - 태도

4.

군 - 신문
무용 - 아파트
맛 - 선생
경찰 - 토요일

5.

공 - 시험
순간 - 오징어
딸 - 아래
소식 - 역사가

6.

말 - 여성 - 지방
대회 - 사회 - 어머니
경기 - 담배 - 앞
국가 - 바다 - 아버지

7.

돈 - 시대 - 친구
모임 - 외국인 - 커피
교육 - 날 - 자기
아저씨 - 지역 - 편지

8.

공부 - 동시 - 옆
비밀 - 서양 - 젊은이
꿈 - 시절 - 환자
기억 - 내용 - 부동산

9.

광고 - 소설 - 층
문제점 - 선수 - 이제
고향 - 뉴스 - 양
속도 - 아빠 - 지난달

10.

그날 - 문 - 소년
나이 - 에너지 - 전체
반대 - 일반 - 짓
고양이 - 미술 - 오늘

11.

곳 - 사람 - 아침 - 표현
가정 - 대신 - 마을 - 일주일
관심 - 몸 - 소리 - 정도
계획 - 노래 - 이번 - 자동차

12.

결국 - 물 - 이상 - 조사
대표적 - 사용 - 의미 - 판매
관련 - 세계 - 입 - 전쟁
바닥 - 새벽 - 예술가 - 현대

13.

기본 - 밤 - 성격 - 지금
대화 - 며칠 - 상대방 - 자료
냄새 - 방송 - 옷 - 책임
그림자 - 나라 - 보호 - 연구

14.

관리 - 부부 - 왕 - 전통
기회 - 시장 - 외국 - 전문가
값 - 시민 - 어른 - 표정
기술 - 뿌리 - 오래전 - 차례

15.

산 - 아내 - 주변 - 평소
머릿속 - 옛날 - 주위 - 크기
급 - 말씀 - 식사 - 재료
그림 - 마음속 - 시설 - 자연

6) 순서대로 단어 기억하기

1. 첫 번째로 제시된 단어: 사과
   마지막에 제시된 단어: 수박

2. 첫 번째로 제시된 단어: 옥수수
   마지막에 제시된 단어: 감

3. 첫 번째로 제시된 단어: 딸기
   마지막에 제시된 단어: 자몽

4. 첫 번째로 제시된 단어: 밤
   마지막에 제시된 단어: 오이

5. 첫 번째로 제시된 단어: 배
   마지막에 제시된 단어: 오렌지

6. 두 번째로 제시된 단어: 다람쥐
   뒤에서 두 번째로 제시된 단어: 말

7. 두 번째로 제시된 단어: 소
   뒤에서 두 번째로 제시된 단어: 닭

8. 두 번째로 제시된 단어: 하마
   뒤에서 두 번째로 제시된 단어: 코뿔소

9. 두 번째로 제시된 단어: 호랑이
   뒤에서 두 번째로 제시된 단어: 사슴

10. 두 번째로 제시된 단어: 도마뱀
    뒤에서 두 번째로 제시된 단어: 기린

7) 그림 보고 순서대로 나열하기

1. 주전자 → 포크 → 칼
2. 당근 → 양파 → 버섯
3. 오이 → 대파 → 마늘
4. 모자 → 양말 → 장갑
5. 바지 → 점퍼 → 치마
6. 칫솔 → 빗 → 안경 → 컵
7. 지우개 → 공책 → 가위 → 연필
8. 버스 → 기차 → 배 → 비행기
9. 자동차 → 헬리콥터 → 구급차 → 소방차
10. 치약 → 우산 → 숟가락 → 시계

Level 02

4. 작업기억: 순서

1) 옳은 순서대로 말하기

1. 천고마비 동서고금 정리정돈
2. 미꾸라지 오리고기 김치찌개
3. 해바라기 돼지갈비 낙지볶음
4. 두루치기 동그라미 평양냉면
5. 승승장구 지느러미 바람개비
6. 금은보화 삼수갑산 전화위복
7. 비빔국수 열무김치 이열치열
8. 부귀영화 한국전쟁 다홍치마
9. 망망대해 다이어트 안전벨트

2) 거꾸로 말하기

1. 북남서동 려초고삼 팽구사토
2. 욕사리사 풍동이마 심생물견
3. 신각신옥 랑맹무허 방공수독
4. 인미세절 회탄심허 환규비아
5. 순도순오 수옥섬섬 네방네동
6. 곡곡방방 산강수금 망불매오
7. 성장리만 긍긍전전 람어출청
8. 의반신반 산강막적 부육장오
9. 귀방랑알 식호의호 창진망엉
10. 산간마주 순죽후우 미진해산

3) 순서대로 말하기

1.

속 - 가슴 - 문제 - 학교 - 지난해
중심 - 머리 - 그때 - 인간 - 대통령
길 - 정신 - 발표 - 나중 - 목소리
환경 - 문화 - 아이 - 생활 - 티브이

2.

밥 - 정치 - 엄마 - 한편 - 스타일
질서 - 비용 - 공간 - 세기 - 연구소
불 - 대표 - 건물 - 한쪽 - 어려움
동생 - 그룹 - 바람 - 재산 - 스포츠

3.

밖 - 각종 - 다음 - 영화 - 자전거
자식 - 편지 - 국내 - 이야기 - 십이월
글 - 얼굴 - 사실 - 단체 - 마지막
혼자 - 마음 - 요즘 - 전화 - 그동안

4.

잔 - 박사 - 이후 - 결혼 - 세계적
작가 - 평화 - 이날 - 능력 - 대학생
손 - 과거 - 역사 - 제품 - 비행기
동네 - 경험 - 버스 - 사이 - 오늘날

5.

꽃 - 이유 - 방향 - 회장 - 전국 - 나머지
남자 - 음식 - 부분 - 행동 - 사무실 - 구체적
잎 - 수업 - 과학 - 목적 - 라디오
모양 - 사랑 - 올해 - 건강 - 지하철

6.

일 - 자신 - 방법 - 경우 - 학생 - 소비자
자리 - 국민 - 사월 - 여자 - 노동자 - 분위기
점 - 문학 - 교수 - 노력 - 일부 - 대부분
하늘 - 불교 - 운동 - 자체 - 도서관 - 컴퓨터

7.

뜻 - 차이 - 목표 - 결과 - 학년 - 오른쪽
변화 - 역할 - 기분 - 대중 - 서비스 - 주인공
줄 - 도시 - 시인 - 은행 - 백화점
기계 - 이름 - 병원 - 최근 - 토요일

8.

땅 - 최고 - 물건 - 개인 - 남녀 - 식용유
현재 - 필요 - 음악 - 다리 - 과학자 - 스스로
전 - 부모 - 나무 - 관계 - 활동 - 청소년
조건 - 민족 - 동안 - 가족 - 손가락 - 이야기

9.

술 - 게임 - 보통 - 행사 - 저녁 - 탤런트
대학 - 무역 - 종교 - 한글 - 공무원 - 이미지
춤 - 소녀 - 아들 - 피부 - 희망 - 근로자
국제 - 배경 - 죽음 - 형님 - 손바닥 - 대기업

10.

열 - 누나 - 고기 - 미래 - 전문 - 승용차
느낌 - 기간 - 의견 - 회원 - 시청자 - 중학교
책 - 얼마 - 남편 - 발전 - 사진 - 가능성
고개 - 모습 - 한번 - 예술 - 부모님 - 사회적

4) 단어 쌍 거꾸로 말하기

1.

지난해 - 학교 - 문제 - 가슴 - 속
대통령 - 인간 - 그때 - 머리 - 중심
목소리 - 나중 - 발표 - 정신 - 길
티브이 - 생활 - 아이 - 문화 - 환경

2.

스타일 - 한편 - 엄마 - 정치 - 밥
연구소 - 세기 - 공간 - 비용 - 질서
어려움 - 한쪽 - 건물 - 대표 - 불
스포츠 - 재산 - 바람 - 그룹 - 동생

3.

자전거 - 영화 - 다음 - 각종 - 밖
십이월 - 이야기 - 국내 - 편지 - 자식
마지막 - 단체 - 사실 - 얼굴 - 글
그동안 - 전화 - 요즘 - 마음 - 혼자

4.

세계적 - 결혼 - 이후 - 박사 - 잔
대학생 - 능력 - 이날 - 평화 - 작가
비행기 - 제품 - 역사 - 과거 - 손
오늘날 - 사이 - 버스 - 경험 - 동네

5.

나머지 - 전국 - 회장 - 방향 - 이유 - 꽃
구체적 - 사무실 - 행동 - 부분 - 음식 - 남자
라디오 - 목적 - 과학 - 수업 - 잎
지하철 - 건강 - 올해 - 사랑 - 모양

6.

소비자 - 학생 - 경우 - 방법 - 자신 - 일
분위기 - 노동자 - 여자 - 사월 - 국민 - 자리
대부분 - 일부 - 노력 - 교수 - 문학 - 점
컴퓨터 - 도서관 - 자체 - 운동 - 불교 - 하늘

7.

오른쪽 - 학년 - 결과 - 목표 - 차이 - 뜻
주인공 - 서비스 - 대중 - 기분 - 역할 - 변화
백화점 - 은행 - 시인 - 도시 - 줄
토요일 - 최근 - 병원 - 이름 - 기계

8.

식용유 - 남녀 - 개인 - 물건 - 최고 - 땅
스스로 - 과학자 - 다리 - 음악 - 필요 - 현재
청소년 - 활동 - 관계 - 나무 - 부모 - 전
이야기 - 손가락 - 가족 - 동안 - 민족 - 조건

9.

탤런트 - 저녁 - 행사 - 보통 - 게임 - 술
이미지 - 공무원 - 한글 - 종교 - 무역 - 대학
근로자 - 희망 - 피부 - 아들 - 소녀 - 춤
대기업 - 손바닥 - 형님 - 죽음 - 배경 - 국제

10.

승용차 - 전문 - 미래 - 고기 - 누나 - 열
중학교 - 시청자 - 회원 - 의견 - 기간 - 느낌
가능성 - 사진 - 발전 - 남편 - 얼마 - 책
사회적 - 부모님 - 예술 - 한번 - 모습 - 고개

5) ㄱㄴ 순으로 말하기

1.

가슴 - 문제 - 속 - 지난해 - 학교
그때 - 대통령 - 머리 - 인간 - 중심
길 - 나중 - 목소리 - 발표 - 정신
문화 - 생활 - 아이 - 티브이 - 환경

2.

밥 - 스타일 - 엄마 - 정치 - 한편
공간 - 비용 - 세기 - 연구소 - 질서
건물 - 대표 - 불 - 어려움 - 한쪽
그룹 - 동생 - 바람 - 스포츠 - 재산

3.

각종 - 다음 - 밖 - 영화 - 자전거
국내 - 십이월 - 이야기 - 자식 - 편지
글 - 단체 - 마지막 - 사실 - 얼굴
그동안 - 마음 - 요즘 - 전화 - 혼자

4.

결혼 - 박사 - 세계적 - 이후 - 잔
능력 - 대학생 - 이날 - 작가 - 평화
가능성 - 남편 - 발전 - 사진 - 얼마 - 책
고개 - 모습 - 부모님 - 사회적 - 예술 - 한번

5.

과학 - 라디오 - 목적 - 수업 - 잎
건강 - 모양 - 사랑 - 올해 - 지하철
과거 - 비행기 - 손 - 역사 - 제품
경험 - 동네 - 버스 - 사이 - 오늘날

6.

경우 - 방법 - 소비자 - 일 - 자신 - 학생
국민 - 노동자 - 분위기 - 사월 - 여자 - 자리
교수 - 노력 - 대부분 - 문학 - 일부 - 점
도서관 - 불교 - 운동 - 자체 - 컴퓨터 - 하늘

7.

도시 - 백화점 - 시인 - 은행 - 줄
기계 - 병원 - 이름 - 최근 - 토요일
꽃 - 나머지 - 방향 - 이유 - 전국 - 회장
구체적 - 남자 - 부분 - 사무실 - 음식 - 행동

8.

결과 - 뜻 - 목표 - 오른쪽 - 차이 - 학년
기분 - 대중 - 변화 - 서비스 - 역할 - 주인공
개인 - 남녀 - 땅 - 물건 - 식용유 - 최고
과학자 - 다리 - 스스로 - 음악 - 필요 - 현재

9.

관계 - 나무 - 부모 - 전 - 청소년 - 활동
가족 - 동안 - 민족 - 손가락 - 이야기 - 조건
게임 - 보통 - 술 - 저녁 - 탤런트 - 행사
공무원 - 대학 - 무역 - 이미지 - 종교 - 한글

10.

근로자 - 소녀 - 아들 - 춤 - 피부 - 희망
국제 - 대기업 - 배경 - 손바닥 - 죽음 - 형님
고기 - 누나 - 미래 - 승용차 - 열 - 전문
기간 - 느낌 - 시청자 - 의견 - 중학교 - 회원

6) 순서대로 단어 기억하기

1. 바나나 → 포도 → 사과
2. 치약 → 빗 → 거울
3. 쥐 → 병아리 → 토끼
4. 팥 → 아몬드 → 땅콩
5. 빨강 → 파랑 → 빨강
6. 주황 → 주황 → 노랑
7. 녹두 → 콩 → 조
8. 발 → 손 → 무릎
9. 어깨 → 허리 → 등
10. 칼 → 냄비 → 접시

7) 그림 보고 순서대로 나열하기

1. 탁구공 → 축구공 → 농구공 → 야구공
2. 파인애플 → 방울토마토 → 참외 → 감
3. 자두 → 멜론 → 사과 → 수박
4. 항공모함 → 비행기 → 버스 → 오토바이
5. 탱크 → 기차 → 자전거 → 우주선
6. 콩 → 단호박 → 마늘 → 감자
7. 저고리 → 두루마기 → 마고자 → 버선
8. 못 → 망치 → 드라이버 → 도끼
9. 요 → 베개 → 이불 → 방석
10. 스케치북 → 공책 → 메모지 → 지우개

5. 작업기억: 순서

Level 03

1) 옳은 순서대로 말하기

1. 사랑과전쟁 봉숭아학당 나혼자산다
2. 꽃보다할배 주정차금지 불후의명곡
3. 공인중개사 별에서온그대 순풍산부인과
4. 부모님전상서 병아리감별사 한국인의밥상
5. 미운우리새끼 어린이보호구역 거침없이하이킥

2) 거꾸로 말하기

1. 들씨아은작 심결질어헤
2. 화평과쟁전 덕언의풍폭
3. 일휴의마로 단계의국천
4. 라누마폭조 계세의부부
5. 랑자래노국전 자팔상식자무
6. 구탁김왕빵제 착시불의랑사
7. 차차차께함다 씨자금한절친
8. 끼새내은갇쪽금 지일방해의나
9. 히득가은양태 을침아서에니파티
10. 다지라사께함과람바 주일계세에김난어태

3) 순서대로 단어 기억하기

1. 바나나 - 딸기 / 사과 - 포도
2. 옥수수 - 망고 / 귤 - 감
3. 우유 - 버터 / 계란 - 밀가루
4. 고양이 - 사자 / 쥐 - 말
5. 시금치 - 라면 / 김밥 - 맥주
6. 사탕 - 베개 / 모자 - 우산
7. 가지 - 버섯 / 오이 - 미나리
8. 자전거 - 배 / 트럭 - 버스
9. 행주 - 젓가락 / 냄비 - 도마
10. 베개 - 담요 / 소파 - 이불

4) 그림 보고 순서대로 나열하기

1. 냉장고 - 선풍기 - 에어컨
2. 리모컨 - 책가방 - 핸드백
3. 게 - 낙지 - 새우
4. 바나나 - 사과 - 오렌지 - 포도
5. 소파 - 의자 - 장롱 - 침대
6. 국자 - 숟가락 - 젓가락 - 컵
7. 달력 - 머리핀 - 안경 - 휴지
8. 도마 - 리본 - 비누 - 가위
9. 거울 - 밥솥 - 식탁 - 주걱 - 포크
10. 가위 - 빗 - 손톱깎이 - 지갑 - 체온계

6. 작업기억: 어휘

Level 01

1) 마지막 단어 기억하기

1. 태산 / 개구리
2. 도토리 / 자
3. 닭 / 먹기
4. 피 / 떡
5. 아웅 / 겉핥기
6. 포도청 / 명관
7. 다홍치마 / 장날
8. 식후경 / 홍두깨
9. 귀걸이 / 개살구
10. 준치 / 편

2) 같은 음소의 단어 짝 찾기

1. 김치 / 과일
2. 현금 / 혼자
3. 방지 / 부리
4. 이름 / 이빨
5. 추석 / 처마
6. 카메라 / 코끼리
7. 포도 / 평소
8. 겨울 / 공
9. 회의 / 휴가
10. 나비 / 노래
11. 세세 / 세탁기
12. 친절 / 초록
13. 반찬 / 복습
14. 증인 / 종교
15. 도토리 / 다리
16. 맥주 / 모기
17. 거품 / 고사리
18. 투자 / 토끼
19. 김치 / 갈비
20. 수제비 / 소주

3) 반의어 말하기

1. 크다 / 작다
2. 높다 / 낮다
3. 넓다 / 좁다
4. 있다 / 없다
5. 시끄럽다 / 조용하다
6. 길다 / 짧다
7. 두껍다 / 얇다
8. 깊다 / 얕다
9. 같다 / 다르다
10. 덥다 / 춥다
11. 뜨겁다 / 차갑다
12. 많다 / 적다
13. 밝다 / 어둡다
14. 빠르다 / 느리다
15. 깨끗하다 / 더럽다
16. 두껍다 / 얇다
17. 뚱뚱하다 / 날씬하다
18. 뾰족하다 / 뭉툭하다
19. 무겁다 / 가볍다
20. 쉽다 / 어렵다
21. 서툴다 / 능숙하다
22. 배고프다 / 배부르다
23. 탁하다 / 맑다
24. 강해지다 / 약해지다
25. 젊다 / 늙다
26. 가깝다 / 멀다
27. 좋다 / 싫다
28. 이르다 / 늦다
29. 부드럽다 / 거칠다
30. 낯설다 / 낯익다
31. 부족하다 / 충분하다
32. 옳다 / 그르다
33. 짜다 / 싱겁다
34. 단단하다 / 물렁하다
35. 굵다 / 가늘다
36. 편하다 / 불편하다
37. 싸다 / 비싸다
38. 입다 / 벗다
39. 시작하다 / 끝나다
40. 가다 / 오다
41. 자다 / 깨다
42. 알다 / 모르다
43. 오르다 / 내리다
44. 열다 / 닫다
45. 잘하다 / 못하다
46. 켜다 / 끄다
47. 사다 / 팔다
48. 좋아하다 / 싫어하다
49. 꺼내다 / 넣다
50. 붙이다 / 떼다
51. 밀다 / 당기다
52. 늘리다 / 줄이다
53. 피다 / 지다
54. 맞다 / 틀리다
55. 감다 / 뜨다

4) 음절 재배열해 단어 만들기

1. 빈털터리 2. 부끄러움 3. 비밀번호 4. 사물놀이 5. 사고방식
6. 상부상조 7. 산꼭대기 8. 선글라스 9. 생활용품 10. 성형외과
11. 아주머니 12. 시내버스 13. 고등학교 14. 시아버지 15. 샌드위치
16. 시외버스 17. 손가락질 18. 스파게티 19. 점심시간 20. 신혼부부
21. 프로그램 22. 수학여행 23. 아나운서 24. 쓰레기통 25. 후춧가루
26. 아랫사람 27. 국회의원 28. 아주머니 29. 나뭇가지 30. 안성맞춤
31. 시어머니 32. 알레르기 33. 머리카락 34. 반려동물 35. 고속도로
36. 수도꼭지 37. 레스토랑 38. 분리수거 39. 신혼여행 40. 에어로빅
41. 전기밥솥 42. 연말연시 43. 비닐봉지 44. 영화감독 45. 대학교수
46. 오래간만 47. 블라우스 48. 오토바이 49. 어린이날 50. 온실가스
51. 교통수단 52. 외동아들 53. 배드민턴 54. 외할머니 55. 곱슬머리
56. 우리나라 57. 대중교통 58. 인스턴트 59. 남녀노소 60. 운동선수
61. 걸음걸이 62. 운전면허 63. 꽃샘추위 64. 일상생활 65. 내리막길
66. 동그라미 67. 농수산물 68. 단발머리 69. 대중가요 70. 전화번호
71. 대한민국 72. 역지사지 73. 동서남북 74. 하루아침 75. 돼지고기
76. 포유동물 77. 뒤죽박죽 78. 포장마차 79. 등장인물 80. 초등학교
81. 띄어쓰기 82. 친어머니 83. 마음가짐 84. 테니스장 85. 막무가내
86. 큰어머니 87. 바이올린 88. 해수욕장 89. 배낭여행 90. 할아버지
91. 백년해로 92. 호주머니 93. 공중전화 94. 스튜디오

Level 02

7. 작업기억: 어휘

1) 마지막 단어 기억하기

1. 곱다, 간다, 짜다
2. 요란하다, 저린다, 나랴
3. 무너지랴, 돕는다, 온다
4. 곱다, 모른다, 읊는다
5. 안다, 간다, 고친다
6. 떨어진다, 배부르랴, 굳는다
7. 건너라, 낫다, 뱉는다
8. 듣는다, 흘린다, 모른다
9. 있다, 난다, 간다
10. 쓴다, 맵다, 맑다

2) 같은 음소의 단어 짝 찾기

1. 단추, 돈
2. 가을, 공짜
3. 프랑스, 편지
4. 가난, 고집
5. 반지, 분수
6. 카메라, 코
7. 미래, 모래
8. 솜씨, 수고
9. 한계, 호감
10. 단속, 다방
11. 라면, 라디오 / 다리, 도로
12. 한식집, 허리 / 종이, 장미
13. 부산, 비행기 / 동물, 대지
14. 아침, 오리 / 도마뱀, 두피
15. 난초, 노력 / 순간, 성과
16. 저장, 중계 / 혼란, 헌신
17. 속도, 사슴 / 지하철, 중국
18. 일요일, 은행 / 마을, 모순
19. 너구리, 늑대 / 비밀, 배신
20. 은혜, 이정표 / 성실, 순수
21. 경찰, 고구마, 고충
22. 합격, 호랑이, 훈련
23. 파리, 평생, 포식
24. 문학, 명령, 민족
25. 루비, 리본, 라일락
26. 해설, 형, 한숨
27. 지구, 전부, 준비
28. 무례, 모임, 미용사
29. 수건, 소년, 시청
30. 밤, 벌레, 불씨 / 영화, 이슬
31. 출발, 칫솔 / 서점, 생일
32. 미용실, 물건 / 선물, 설거지
33. 한옥, 행복 / 뉴스, 남대문
34. 카드, 콩 / 나무, 노화
35. 탁구, 태풍 / 학교, 혀
36. 민요, 만화가 / 의사, 은인
37. 동생, 독서, 다정 / 트럭, 터널
38. 꽃, 꿈결, 꿩
39. 현실, 훈계, 함 / 새벽, 시장
40. 상수리, 손수건 / 담, 동무

3) 반의어 말하기

1. 위험하다 / 안전하다
2. 유명 / 무명
3. 출근 / 퇴근
4. 입원하다 / 퇴원하다
5. 일등 / 꼴찌
6. 진실 / 거짓
7. 간접 / 직접
8. 가루 / 덩어리
9. 가끔 / 자주
10. 낭비하다 / 절약하다
11. 이륙하다 / 착륙하다
12. 공통점 / 차이점
13. 입학 / 졸업
14. 만남 / 이별
15. 배웅하다 / 마중하다
16. 가능하다 / 불가능하다
17. 안 / 밖
18. 위 / 아래
19. 관심 / 무관심
20. 마감 / 개시
21. 상승 / 하강
22. 금지하다 / 허용하다
23. 증가하다 / 감소하다
24. 단순하다 / 복잡하다
25. 겸손 / 교만
26. 수입 / 수출
27. 가입 / 탈퇴
28. 확실하다 / 불확실하다
29. 냉기 / 온기
30. 평등 / 차별
31. 현실 / 이상
32. 선의 / 악의
33. 불안정 / 안정
34. 강점 / 약점

4) 음절 재배열해 단어 만들기

1. 우유부단	2. 시행착오	3. 동상이몽	4. 불가사의	5. 사상누각
6. 불쾌지수	7. 관혼상제	8. 인과응보	9. 일석이조	10. 시기상조
11. 전화위복	12. 심사숙고	13. 우후죽순	14. 십중팔구	15. 구사일생
16. 양성평등	17. 금의환향	18. 역지사지	19. 일거양득	20. 막상막하
21. 야간진료	22. 부지불식	23. 사면초가	24. 새옹지마	25. 인산인해
26. 장유유서	27. 홈페이지	28. 자연재해	29. 다운로드	30. 천생연분
31. 감언이설	32. 유비무환	33. 격세지감	34. 위계질서	35. 고진감래
36. 유언비어	37. 작심삼일	38. 유일무이	39. 공중위생	40. 의사소통
41. 과소평가	42. 이심전심	43. 자자손손	44. 인공위성	45. 직사각형
46. 진수성찬	47. 국제결혼	48. 자유분방	49. 금지옥엽	50. 일회용품
51. 기성세대	52. 자급자족	53. 동병상련	54. 자수성가	55. 민주주의
56. 콤플렉스	57. 만장일치	58. 탄산음료	59. 면접시험	60. 핵가족화
61. 무궁무진	62. 파란만장	63. 무용지물	64. 정사각형	65. 문화유산
66. 주식회사	67. 민간단체	68. 중소기업	69. 팔방미인	70. 군계일학

참고문헌

강혁준, 김상률, 김정헌(2020). 가상현실 인지재활 프로그램이 경도인지장애 환자의 인지능력과 일상생활동작에 미치는 영향. 대한물리의학회지, 15(4), 155-161.

김수정, 장현진(2020). 회상하기 프로그램이 알츠하이머 노인의 의사소통 능력에 미치는 영향. 재활치료과학, 9(4), 21-31.

김정완, 장만순(2022). (경미한 인지, 언어장애 대상자를 위한) 인지-의사소통장애 재활 프로그램. 이담북스.

박현숙(2021). (경계선 지능 아동 청소년을 위한) 느린학습자 인지훈련프로그램 1. 학지사.

변해원(2019). 한국형 전산화 인지재활프로그램이 초기 치매노인의 생성 이름대기 수행에 미치는 효과에 관한 예비 연구. 한국융합학회논문지, 10(9), 167-172.

서혜경, 김주연(2023). 실어증 및 인지의사소통장애를 위한 언어재활 워크북(표현력 편). 학지사.

손희정, 성지은(2016). 의미범주기반 작업기억 중재가 실어증환자의 문장이해 및 단어유창성에 미치는 일반화 효과. *Communication Sciences and Disorders, 21*(1), 174-192.

송기범, 이아름, 김지은, 류호경(2014). 'Draw Something' 게임을 이용한 노인인지 중재에 관한 연구. 한국 HCI 학회 학술대회, 233-236.

신상은, 박희영(2018). 작업기억과 노출횟수가 AAC 그림상징을 이용한 문장구성에 미치는 영향. *Communication Sciences and Disorders, 23*(2), 392-403.

안길만, 최양규(2013). 작업기억 강화 프로그램이 알츠하이머형 치매 환자의 단어 유창성과 문장이해력에 미치는 효과. 심리행동연구, 5(2), 75-110.

엄보라(2015). 문장 따라말하기를 활용한 작업기억 중재가 실어증 환자의 문장이해 능력에 미치는 효과. 이화여자대학교 대학원 언어병리학과 석사학위논문.

이금자, 김화수, 임은실(2015). 치매 예방을 위한 인지 · 의사소통 놀이 50. 학지사.

이금자, 김화수, 임은실(2019). 스마트 에이징을 위한 치매예방 인지 · 의사소통 놀이 48. 학지사.

이금자, 김화수, 임은실(2021). 현실 인식을 위한 치매예방 인지 · 의사소통 워크북. 학지사

이명경(2016). 집중력 실전 워크북: 아이의 집중력, 부모에게 달려 있다. 김영사.

이미숙(2021). 노화와 인지-의사소통. 군자출판사.

이미숙, 김보선, 임재성(2021). 인지-의사소통장애 간편검사. 인싸이트.

이미숙, 김수진(2022). 치매와 인지-의사소통: 인간 중심 재활. 학지사.

이진희(2013). 작업기억 활성화 훈련이 단순언어장애 아동의 담화이해능력에 미치는 영향. 대구대학교 재활과학대학원 석사학위논문.

최수진, 성지은, 정지향, 김건하(2016). 동사 운반구를 활용한 작업기억중재가 경도인지장애군의 언어처리과정에 미치는 효과. *Communication Sciences and Disorders, 21*(3), 524-537.

최현주(2016). 기억상실형 경도인지장애와 알츠하이머병 환자의 이야기 이해 능력과 작업기억 및 언어기억의 상관. *Communication Sciences and Disorders, 21*(2), 324-332.

홍선주, 이명진, 정은주, 김초복, 손영돈(2015). ADHD 아동용 작업기억 훈련 프로그램 개발과 효과 검증. **교육과정평가연구**, 18(3), 209-232.

Bchkuehl, M., Jaeggi, S. M., Hutchison, S., Perrig-Chiello, P., Däpp, C., Müller, M., Breil, F., Hoppeler, H., & Perrig, W. J. (2008). Impact of working memory training on memory performance in old-old adults. *Psychology and Aging, 23*(4), 743-753.

Borella, E., Carretti, B., Riboldi, F., & de Beni, R. (2010). Working memory training in older adults: Evidence of transfer and maintenance effects. *Psychology and Aging, 25*(4), 767-778.

Carretti, B., Borella, E., Zavagnin, M., & de Beni, R. (2013). Gains in language comprehension relating to working memory training in healthy older adults. *International Journal of Geriatric Psychiatry, 28*(5), 539-546.

Flak, M. M., Hol, H. R., Hernes, S. S., Chang, L., Engvig, A., Bjuland, K. J., Pripp, A., Madsen, B., Knapskog, A., Ulstein, I., Lona, T., Skranes, J., & Løhaugen, G. (2019). Adaptive computerized working memory training in patients with mild cognitive impairment. A randomized double-blind active controlled trial. *Frontiers in Psychology, 10.*

Hyer, L., Scott, C., Atkinson, M. M., Mullen, C. M., Lee, A., Johnson, A., & Mckenzie, L. C. (2016). Cognitive training program to improve working memory in older adults with MCI. *Clinical Gerontologist, 39*(5), 410-427.

Morrison, A. B., & Chein, J. M. (2011). Does working memory training work? The promise and challenges of enhancing cognition by training working memory. *Psychonomic bulletin and Review, 18*(1), 46-60.

Mridula, J., George, V. M., Bajaj, G., Namratha, H. G., & Bhat, J. S. (2017). Effect of working memory training on cognitive communicative abilities among young-and middle-aged adults. *Cogent Psychology, 4*(1), Article 1416885.

Newman, D. (2020). **학습잠재력을 쑥쑥 키워주는 작업기억 향상 워크북** (*Working memory activities: A workbook to stimulate memory skills*). (유정민, 최승균, 함선미 공역). 교육을 바꾸는 사람들. (원저는 2014년에 출판).

Westerberg, H., et al. (2007). Computerized working memory training after stroke-a pilot study. *Brain Injury, 21*(1), 21-29.

〈웹사이트〉

가정 인지재활 훈련 워크북. http://www.strokecog.com/Main/Intro.html

십분만에 키오스크 사용법 타파하기. https://www.youtube.com/watch?v=4mo24Bog_P0

Free Worksheets For Memory. https://www.happyneuronpro.com/en/free-cognitive-activities-for-adults/free-worksheets-21/march-2020-packet-21-memory/

Train your brain with Mentem. https://www.mentem.eu

저자 소개

이미숙(Lee Mi Sook)

고려대학교 불어불문학 학사
연세대학교 언어병리학 석사
연세대학교 언어병리학 박사
전 우송대학교 언어치료 · 청각재활학부 초빙교수
공주대학교 특수교육대학원 언어재활전공 객원교수
현 한림국제대학원대학교 청각언어치료학과 언어치료학전공 교수

〈주요 저 · 역서 및 논문〉
『신경언어장애 용어집』(공저, 학지사, 2020), 『노화와 인지-의사소통』(군자출판사, 2021), 『BCCD 인지-의사소통장애 간편검사』(공저, 인싸이트, 2021), 『인지-의사소통장애: 정보 처리 접근』(공역, 학지사, 2020), 『치매와 인지-의사소통: 인간 중심 재활』(공역, 학지사, 2022; 2023 세종도서 학술부문 선정), 『당신의 언어 나이는 몇 살입니까?: 말과 글의 노화를 막기 위한 언어병리학자의 조언』(남해의봄날, 2023; 2024 세종도서 교양부문 선정)
「외상성 뇌손상 환자의 인지-화용언어 능력에 대한 평가도구 개발 및 적용」(박사학위논문)

백려정(Baik Yeo Jung)

연세대학교 불어불문학 학사
연세대학교 언어병리학 석사
전 강남세브란스병원, 이화여대부속목동병원, 분당제생병원,
한림국제대학원대학교 한림언어재활연구실 언어재활사
현 한림국제대학원대학교 청각언어치료학과 언어치료학전공 초빙교수

〈주요 저서 및 논문〉
『신경언어장애 용어집』(공저, 학지사, 2020)
「실독증 환자들의 한자어와 고유어 소리내어 읽기 비교」(석사학위논문)

황은지(Hwang Eun Ji)

한림대학교 언어청각학부 언어병리학 학사
한림국제대학원대학교 언어치료학 석사
전 종로구다문화센터 언어재활사
현 언어발전소 파트너 언어재활사, 강동 소리의원 언어재활사

〈주요 논문〉
「주관적 인지저하 노인의 작업기억 기반 인지-의사소통 중재 효과」(석사학위논문)

작업기억 기반 인지-의사소통 워크북 1: 작업기억 편
노인 · 치매 · 실어증 언어재활

Working Memory Based Cognitive–Communication Workbook 1: working memory

2025년 4월 15일 1판 1쇄 인쇄
2025년 4월 25일 1판 1쇄 발행

지은이 • 이미숙 · 백려정 · 황은지
펴낸이 • 김진환
펴낸곳 • (주) 학지사
04031 서울특별시 마포구 양화로 15길 20 마인드월드빌딩
대표전화 • 02)330-5114 팩스 • 02)324-2345
등록번호 • 제313-2006-000265호

홈페이지 • http://www.hakjisa.co.kr
인스타그램 • https://www.instagram.com/hakjisa

ISBN 978-89-997-3312-3 93180

정가 27,000원

MEMO

MEMO